JN204000

小さな死生学入門

小さな死・性・ユマニチュード

大 林 雅 之

東信堂

まえがき
──「小さな死生学」とは何か

　本書は小さな「死生学入門」の書ではなく、「小さな死生学」の入門書である。それでは、「小さな死生学」とは何か。それは、「小さな死」を手がかりとして、死について、また生についての考えることである。

　ここでの「小さな死」とは、まずはカトリックのシスターであった渡辺和子による「小さな死」であり、その「小さな死」が、カトリックの信仰を捨てた、異端の思想家ジョルジュ・バタイユの「小さな死」に遭遇し、そこで、「小さな死」が、「死」と「性」を結びつけるものとなる「小さな死」である。

　このような「小さな死」に触発された考察によって生まれたのが、「小さな死生学」なのである。

　「小さな死生学」は、まだまさに本書のような小さな本に収まっているのであるが、これが新たな「死生学」として育っていくことを筆者は期待している。

　今日、「死生学」の名を持った書物が多く出版されているが、その中には、宗教や哲学、また、医療や福祉の文脈で語られるものも少なくない。そのような高尚な、また、崇高な「死の高み」を目指した議論をここでは目指していない。そのような「死生学」に対して、ここでの「死生学」は、日常的な生活の経験の中で「死」を考える、ということから出発して

いる。そのような意味でも、ここでの「死生学」を、身近な「小さな死生学」と呼びたいのである。

　本書には、4編の論文が収められている。それらはお互いに関連しているものなので、第1章から順に読んでいただきたい。いくらか重複する部分もあるが、それぞれの論文の主題は異なっている。概略を示せば、第1章は、渡辺和子の「小さな死」の意味することについての考察である。第2章は、その渡辺和子の「小さな死」と、ジョルジュ・バタイユの「小さな死」に通底する意味を論じている。第3章は、第2章における、二つの「小さな死」が結びつく「性」への視点から「高齢者の性」をめぐる問題点を論じている。そして、第4章では、「高齢者の性」を我々が受け止めるために「小さな死」の意味が大きな役割を果たしていることを論じている。なお、各論文においては、今回の収録に際して全体の整合性を考慮して、若干の修正が行われたことをお断りしておく。

　以上の議論から、「小さな死生学」の誕生の萌を読者が感じていただければ、本書の意義は「小さな第一歩」を踏み出したことになる。

2018年8月20日

大林雅之

目次

小さな死生学入門

——小さな死・性・ユマニチュード——

第1章 「小さな死」によせて

1 はじめに

　わが国において、生命倫理学や死生学は多くの大学で授業科目としても取り上げられるようになり、また、そこでのテーマである「終末期医療」や「ホスピス」への関心は、社会の高齢化が進む中で国民的関心として一般化している。しかしながら、高度に技術化された延命治療への対応や、終末期医療における患者の「死の受容」については十分な議論がなされているとは言いがたい。そうであるからこそ、上記の「国民的関心」がますます増大していると言ってもよいであろう。そのような「死」への関心の高まりの中で、注目したい言葉がある。それが「小さな死」である。

　ここでの「小さな死」とは、岡山にあるノートルダム清心女子学園の理事長であった渡辺和子氏によったものである。それは、幾通りかの語られ方がなされているが、最も特徴的には次のように述べられている。

　　何事もリハーサルしておくと、本番で落ちついていられるように、大きな死のリハーサルとして、"小さな死"を、生きている間にしておくことができます[1]。

　すなわち、「小さな死」とは「大きな死」のリハーサルであるとされる。「大きな死」とは「本番」の死、つまり通常医師から「ご臨終です」と言われ、葬式へと進行することになる「死」のことである。つまり、「大きな死」は、われわれが普通に「死」と考えている、避けたい、恐怖の対象とされる「死」のことである。その「大きな死」のリハーサルになるのが「小さな死」なのである。小論の目的は、そのような「小さな死」が、「大きな死」に向かうわれわれにとって、どのようなものとして理解できるかを明らかにしたいということである。

　上記の目的のために、小論ではまず、「小さな死」が注目される背景を述べてから、そもそも「小さな死」という言葉が、これまでどのように述べられてきたかをみておく。そして、渡辺和子氏が言う「小さな死」がどのような意味で述べられているかを整理する。それらの考察を踏まえ、「小さな死」がわれわれの死生観にとってどのような示唆を与えてくれるのかを明らかにしていきたい。

2　どうして「小さな死」が注目されるのか？

　例えば、生命倫理学の議論において「死」をめぐり議論には次のようなものがある[2]。

　まず、「真実告知」の問題が取り上げられ、そこでは「インフォームド・コンセント」や、その前提とされる「患者の権利」である「知る権利」や「自己決定権」が議論される。

次に終末期にある患者における「死の受容」の問題が、E. キューブラー゠ロスの有名な「死の受容」に至る「5 段階説」に言及し論じられる。

　そして、終末期の具体的な医療のあり方として、最近では「ターミナル・ケア」ではなく、「エンド・オブ・ライフ・ケア（End of Life Care）」である「緩和ケア」や「ホスピス」が取り上げられる。

　このような議論の中で、E. キューブラー゠ロスの「5 段階説」は患者における「死の受容」の可能性を示したものとして議論されてもきたが、必ずしもキューブラー゠ロス自身の真意は、その死への過程で「デカセクシス」[3] が得られるというようなものではないという見方もある[4]。また、その「死の受容」とは、患者本人の「死の受容」というよりは、家族、医療従事者にとっての、「患者の死の受容」への「過程」の「共有」が強調され、そこでの「死の受容」とは実は「残される者」から見たイメージであり、死に行く本人の「死の受容」のイメージとは異なるものではないのかとも考えられる。このように「死の受容」ということをめぐってもさまざまな議論が交錯しており、依然として「死の受容」のアポリアは存在しているように考えられる[5]。

　以上のような状況の中で、ベストセラーとなった渡辺和子氏のいくつかの著作の読者にとっては、「小さな死」が、「死」の「リハーサル」であるという表現によって、「死」が日常体験に結びつけられたということができたともいえよう。決して経験することができない自分自身の「一人称の死」である「大きな死」を、抽象的、形而上学的に語られてきた「死」を、

経験できることとしての「小さな死」によって日常体験に結びつけて考えることができたということである。言い換えれば、死に行く患者となるわれわれに「死の受容」の具体的なイメージを与えてくれたものが「小さな死」なのではないかというのが、「小さな死」への注目の理由として考えられよう。

　次に、渡辺和子氏の「小さな死」の意味を探る前に、そもそも「小さな死」という言葉は、従来、どのように使われていたのかをみておこう。

3　「小さな死」という言葉について

　「小さな死」という言葉の使われ方をインターネットで検索してみると、大きく分けて、以下のように分類できる。

　①「喪失感」を「死」に結びつけるもので、「小さな死」という表現が使われている[6]。一般的に、死生学に関連してはこのように使われているようである。大事な人やもの、かけがえのない人やものを失うことに伴う苦しさが、死のイメージを喚起しているのであろう。

　②フランスの思想史家であるジョルジュ・バタイユは、訳せば「小さな死」にあたる"la petite mort"という言葉を使っているが、その意味するところは、性の快楽の「絶頂期」である[7]。このように、死を性に結びつけるイメージに関しては、一般的に英語圏では、"little death"や"small death"などの言葉は女性の「オーガスム」を連想させるものとして受け止められるようである。

　③キリスト教の教会のホームページには、その教会で行われた説教での「小さな死」への言及が多く見られる。このような言及では、後に触れるが、渡辺和子氏の「小さな死」を聖書にある「一粒の麦」のたとえに結びつけて言及しているものがほとんどである[8]。

　④「小さな死」という言葉が海外小説などにおいてはいろいろな意味で使われていることも指摘できる。例えば、「大人の死」を「大きな死」とすることに対して「こどもの死」を「小さな死」としているなどもあり、上記①、②の意味などを含めてさまざまに使われている[9]。

　以上のように、多様な場面でさまざまな意味で使われていることを見ると、「小さな死」という言葉は誰にでも思いつく言葉であると言ってもよいかもしれない。

　また、前述したように、「小さな死」を「死のリハーサル」とすることにおいても、例えば、古代ギリシャの哲学者ソクラテスに類似の表現が見られており[10]、「死のリハーサル」ということも、特に渡辺和子氏のオリジナルな考えであるとは言いがたい。

　上記のように「小さな死」は、欧米においては、日常的にさまざまに使われている言葉であると考えてよいであろう。ただし、一見すると、多様な意味で使われている「小さな死」という言葉もそれぞれの意味に共通する、たとえば、「死」を大小で表現することにおける「死」のとらえ方に通底する「死」の意味があるようにも思われる。このことにおいては、バタイユの「小さな死」と渡辺和子氏の「小さな死」には共

通する死の意味が存在しているように思われるが、それについては稿を改めて論じてみたい（本書第2章参照）。

　それでは、渡辺和子氏の「小さな死」の意味を改めてその著作から整理してみることにしよう。

4　「小さな死」の意味

　渡辺和子氏の著作の中で、ここでは、「小さな死」に言及している、代表的な著作である『置かれた場所で咲きなさい』と『面倒だから、しよう』の二著を主に取り上げて、「小さな死」の意味を整理してみたい。そこでは、3通りに整理できるように思われる。それを「小さな死①」、「小さな死②」、「小さな死③」として以下に示してみる。

(1)小さな死①

「小さな死①」は次のように述べられるものである。

　　何事もリハーサルしておくと、本番で落ちついていられるように、大きな死のリハーサルとして、"小さな死"を、生きている間にしておくことができます[11]。

　　人は皆、いつか死にます。公演を行う時など、リハーサルをしておくと、本番であがったり、慌てないですむように、死そのものを取り乱すことなく迎えるためにも、リハーサルをしておくことは、よいことなのです[12]。

　まずは、冒頭で言及したように、「小さな死」を「大きな死」の「リハーサル」とするものである。つまり、「小さな死」は「大きな死」にいたるリハーサルであり、生きながら経験できる「小さな死」を通して「大きな死」を経験できる対象として理解させようとする。

（2）小さな死②

「小さな死②」は次のように述べられている。

> 　"小さな死"とは、自分のわがままを抑えて、他人の喜びとなる生き方をすること、面倒なことを面倒くさがらず笑顔で行うこと、仕返しや口答えを我慢することなど、自己中心的な自分との絶え間ない戦いにおいて実現できるものなのです[13]。

> 　そしてそれは、日々の生活の中で、自分のわがままと闘い、自分の欲望や感情などを制御することなのです[14]。

　ここでの「小さな死②」は、「自分のわがまま」や「自分の欲望や感情」を、「がまん」したり、「抑制」したりすることを意味している。いわば「自分」を押し殺すことであり、自分を制限することであり、全くの自分を失うことが「大きな死」とすれば、「自分の一部」を失うという経験において「死」に経験的意味を持たせようとすると考えられる。それと同時に、「わがまま」や「欲望や感情」という「悪しきもの」を「禁

欲する」という倫理的意味を「小さな死」に結びつけている。「死」を「悪しき自己」に対する「制裁」としての意味づけも考えられる。

(3)小さな死③

「小さな死③」は次のように述べられている。

「一粒の麦が地に落ちて死ねば多くの実を結ぶ」ように、私たちの"小さな死"は、いのちを生むのです[15]。

聖書の中にある「一粒の麦」のたとえにあるように、地に落ちて死ねば、多くの実りをもたらすけれども、死を拒否する時は一粒の麦のままに枯れてしまいます。実りを生む死となるためには、それに先立つ「小さな死」が求められるのです[16]。

ここでの「小さな死③」においては「いのちを生む」、「多くの実りをもたらす」死という新たな意味が示されている。「小さな死①」、「小さな死②」におけるような「死」に結びつけるのではなく、新たな「いのち」を生み出すものとしての意味を持たせるものであり、聖書の「一粒の麦」のたとえに言及されていることからも、日常的な経験での理解を超える宗教的な意味を持たせたものであり、「小さな死①」と「小さな死②」の意味とは次元を異にしているものと考えられよう。

以上のことから、「小さな死①」、「小さな死②」、「小さな

死③」は、それぞれにおいて、次のような、意味の関係が見て取れるように思われる。

「小さな死①」はリハーサルという経験的意味を、「小さな死②」は「小さな死①」の意味に加えて「がまん」や「抑制」という倫理的意味を、「小さな死③」は「小さな死①」と「小さな死②」の意味に加えて、「新たないのちを生む」という、「死」から「生」へという創造的な宗教的意味を持たせていると言えよう。こうしてみると、「小さな死」は、経験的意味から宗教的な意味への連続的理解を導くことが意図しているように思われる。

それでは、これらの「小さな死」の意味をわれわれはどのように考えることができるかを試みてみよう。前述したように、「小さな死①」と「小さな死②」の意味は、日常的な経験の中で考えることができるように思われる。なぜなら、「リハーサル」や「がまん」は日常的に経験していることであるからである。しかしながら、「小さな死③」は聖書の言葉への言及もあり、キリスト教の信仰を持たないものには日常的には理解しにくいものであろう。それ故に、次では、まず、「小さな死①」と「小さな死②」について考えて、その後に「小さな死③」について考察してみたい。

5 「小さな死」と「私」

「小さな死①」と「小さな死②」を考えるには、まず「小さな死①」における、「大きな死」のリハーサルができる「私」と、「小さな死②」における「わがまま」を抑える「私」、言

い換えると、抑える「わがまま」や失うものを持っている「私」が存在することが前提になるだろう。そのような「私」はどのように考えることができるのか。そのような「私」とは何か。

　ここで、ヒントとなる「私」は以下のような「私」である。

　ウィトゲンシュタインの研究者として有名な黒崎宏氏が、ライプニッツを論じている論文の中で、次のように「私」を示している。

　　　私が存在している、という事は、私が
　　　the man who …
　　　として記述されている、という事である [17]。

　ここで、ライプニッツとの関係において、このような「私」がどのように論じられているのかについては、小生には述べることはできないが、このような「私」のとらえ方は、「小さな死①」と「小さな死②」を考える上に大きなヒントを与えてくれるように思われる。つまり、「私」は「こういうことができる」、そして「こういうことを考えている」、また「こういうことを願っている」、それらによって記述される「私」が、存在している「私」ということであろうか。ここで、「私」を記述しているのは、この場合、「私」自身が記述していることになろう。「私」自身が「私」をこういうものであると記述していると考えておこう。「私」をそのように考えるならば、「私」について記述されていることを一つ一つ「失う」、「がまん」することが「小さな死②」であり、それらが、リハーサルである「小さな死①」として繰り返され、やがて「大き

な死」を迎えることができるのではないだろうかということである。

　「小さな死」が「大きな死」のリハーサルであるということは、「小さな死」を積み重ねてやがてくる「大きな死」を受容することができるようになるということであろう。その過程は、「小さな死①」と「小さな死②」を可能とさせる、「失うもの」や「がまんするもの」から成り立つ「私」において、「私」を構成している、さまざまなものが「小さな死」によって、一つずつが失われ、減少していき、ついには「私」を記述することが無くなって、「私」は消滅してしまい、それが「大きな死」ということになるのである。

　このことを分かりやすく示すと次のようになるかもしれない。

$$「私」 = \text{the man who} \cdots = f(x) = f(a, b, c, d, e, f, \cdots\cdots\cdots)$$

　「私」を比喩的に「関数」のように表示してみると、ここにおける、a, b, c,…は「変数」で、それぞれは「私」を記述する具体的事柄を指すものとする。例えば、a は「100 メートルを歩くことができる」とする、すなわち、a=100 で、10 メートルしか歩くことができなくなれば、a=10 となる。しかし、ある時、「私」は歩くことができなくなれば、a=0 になる。つまり、「歩くことはできない」ということである。また、例えば、b は「親が元気に生活している」ということであるとすると、両親が元気でいる時は、b=2 であるが、父親が亡くなれば、b=1 ということになり、そして、母親も亡くなればb=0 とされる。つまり、a=0 となり、「小さな死」を経験し、

b=0 となり、また「小さな死」を経験していくのである。ここでは、誤解を受けることを恐れるが、a や b を 100 とか 2 とかとすることは、「私」を数量化して表そうとしているのではないということである

　「私」をこのように示すことができるとすれば、「私」を存在させる、個々の a なり b なりを失ったり、がまんすることが「小さな死」を経験した「私」である。すなわち、「私」は次のように「小さな死」を重ねていくのである。

$$「私」 = f (a, b, c, d, e, f, \cdots\cdots)$$
$$\downarrow 「小さな死」$$
$$「私」 = f (0, b, c, d, e, f, \cdots\cdots)$$
$$\downarrow 「小さな死」$$
$$「私」 = f (0, 0, c, d, e, f, \cdots\cdots)$$
$$\downarrow$$
$$?$$

すると最終的に「私」はどのようになるのであろうか。つまり、「私」は次のようになる。

$$「私」 = f (0, 0, 0, 0, 0, 0, \cdots\cdots) = 0 ：「大きな死」$$

すなわち、「私」は無になり、これが「大きな死」としての「私の死」である。

　このように考えると経験的に、もちろん、最終の「大きな死」にいたる最後の「小さな死」はこのように連続に捉えら

れるものであるのかはにわかに分かりがたいが、このようであるとすれば、「小さな死」から「大きな死」への過程は連続的に理解できるようでもある。最終的には、無になることはイメージしやすいように思われる。

　しかし、渡辺和子氏の「小さな死③」の意味はこのような理解では受け止められない。つまり、「新しいいのち」を生むとする「小さな死③」をここでは理解できない。では、どのように考えていけばよいのであろうか。次にそのことを考えてみよう。

6　「小さな死」と〈新しい「私」〉

　先ほどの「私」が「小さな死」を経て、「新しいいのち」である「新しい私」が生まれると考えてみてはどうであろうか。a, b, c を失うのではなく、それらが他のものに変わっていくと考えるのである。すなわち、次のように示してみよう。

$$「私」＝f(x)＝f(a, b, c, d, e, f, \cdots\cdots\cdots)$$
$$\downarrow「小さな死」$$
$$新しい「私」＝f(A, b, c, d, e, f, \cdots\cdots\cdots)$$
$$\downarrow「小さな死」$$
$$新しい「私」＝f(A, B, c, d, e, f, \cdots\cdots\cdots)$$
$$\downarrow$$
$$\downarrow$$
$$全く新しい「私」＝f(A, B, C, D, E, F, \cdots\cdots)：「大きな死」$$

　最終的に「大きな死」によって「全く新しい「私」」が生まれるということである。しかし、このような「全く新しい「私」」になること自体を、「小さな死」を経験していく「私」には経験できるのであろうか。このようにして「大きな死」によって生まれた「全く新しい「私」」は「いのちを生む」ことの前提となる「小さな死③」によるものとすれば、「小さな死①」と「小さな死②」を経験できる「私」が経験することではもはやなく、それ故に、経験を越えた信じることにおいてのみ意味を持つものであろう。その意味では、宗教的な意味において理解することではないであろうか。ここに、キリスト者ではない者にとっては、渡辺和子氏の「小さな死」を捉えることにおいて限界があるかもしれない。その意味において「小さな死①」と「小さな死②」に対して、「小さな死③」は異なる次元のものであると言えよう。

7　最後に──「小さな死」の可能性

　小論では、渡辺和子氏による「小さな死」から、どのような示唆を得ることができるかを考えた。そこで得られた「小さな死①」と「小さな死②」の意味は、キリスト教の信仰を持たない者にも十分に「大きな死」という死に向かう「私」をイメージでき、受け止められた。しかし、「小さな死③」の意味にある、新しい「いのち」を生む「小さな死③」には限界があるように思われた。つまり、渡辺和子氏の最も核心にある「小さな死③」は「私」にとっては、「大きな死」に他ならないとも考えられる。そうであるとすれば、「無とな

る私」へ向かう「小さな死①」および「小さな死②」と、「いのち」を生む「小さな死③」はどのように連続するのかが問題となろう。この問題を、ここでは、「小さな死」を経る度に実は起こる「私」の変容が、やがて来る「大きな死」を受容する「私」に連なっていると考えることによって解消できるのではないかとも考えられるが、最終的な「大きな死」による「新しいいのちを生む」ことについては非キリスト者にとっては難問であろう。

　しかしながら、ここに、この問題への一つのヒントを示せば次のようなことになろうか。

　清貧の乞食僧であった良寛の辞世の歌といわれているものがある。すなわち、

　形見とて何か残すらむ春は花夏ほととぎす秋はもみぢ葉[18]

　この良寛の歌に見る死の有り様からは次のように学ぶことができるのではないだろうか。「大きな死」における「全く新しい私」への「変容」というものは、自己が自然の中に立ち返り、自然の中に同化する「私の変容」であると考えるのである。そう考えれば、自己の「無」化と、「全く新しい私」への変容は、「大きな死」によって両立するのかもしれない。

謝辞

本稿は、小生の 2 つの講演（2015 年 11 月 14 日に行われた第 21 回日本臨床死生学会大会シンポジウム「病む人の『生の終焉』に

寄り添うために」における講演「「死の受容」と「小さな死」」と、2016 年 1 月 16 日に行われた東洋英和女学院大学死生学研究所 2015 年度連続講座「生と死に寄り添う」第 7 回連続講座「「小さな死」によせて」)を基にまとめたものである。両講演時の質疑時間においていただいた貴重な質問やコメントは、本稿をまとめるにあたり参考にさせていただいた。ここにそれらの質問やコメントを寄せてくださった方への感謝の意を記させていただく。

注

1　渡辺和子『置かれた場所で咲きなさい』(幻冬舎、2012 年)、154 頁。
2　大林雅之『生命の淵—バイオエシックスの歴史・哲学・課題—』(東信堂、2005 年)。
3　キューブラー゠ロス『死ぬ瞬間—死にゆく人々との対話—』(読売新聞社、1971 年)。
4　大宮司信「「死の備えの時期」の心の援助への一視点—"well dying"をめざして—」『人間福祉研究』No.17、2014 年、67-73 頁。
5　同上。
6　佐々木恵雲「命は誰のもの」『藍野学院紀要』第 52 巻、2011 年、74 頁。
7　ジョルジュ・バタイユ『エロティシズム』筑摩書房、2000 年、288 頁。
8　例えば、日本キリスト教団室町教会のホームページ (https://www.facebook.com/MuromachiChurch/posts/983316071681130、 閲覧日 2016 年 2 月 9 日)。
9　例えば、リルケ『マルテの手記』(新潮社、1953 年)。
10　竹田純郎／森秀樹 (編)『死生学入門』(ナカニシヤ出版、1997 年)、20 頁。
11　渡辺『置かれた場所で咲きなさい』、154 頁。
12　渡辺和子『面倒だから、しよう』(幻冬舎、2013 年)、27 頁。
13　渡辺『置かれた場所で咲きなさい』、154 頁。
14　渡辺『面倒だから、しよう』、27 頁。

15 渡辺『置かれた場所で咲きなさい』、155 頁。

16 渡辺『面倒だから、しよう』、27 頁。

17 黒崎宏「ライプニッツ試論―原子論（アトミズム）から単子論（モナドロジー）へ―」『ヨーロッパ文化研究』第 34 集（成城大学大学院文学研究科、2015 年）、33 頁。

18 中野東禅『100 分 de 名著　良寛詩歌集』（NHK 出版、2015 年）、99 頁。この歌には、似たかたちの二首が伝えられているが、ここではその内の一首を引用している。

第2章　二つの「小さな死」
——その邂逅の軌跡

1　はじめに

　病む人の「生の終焉」に寄り添う、とはいかなることなのであろうか。そもそも「生の終焉」とは、「死」を意味しているのであろうか。いや、「死に行く過程」のことを意味しているのか。与えられたシンポジウムのテーマを前にして、正直に言えば、戸惑いを覚えたことは確かである。「生の終焉」を、「死」とするか、または「死に行く過程」とするかのいずれにしても、それに寄り添う前提としては、病む人その人が「生の終焉」をどのようなものとして受け止めているかが問われるだろう。小論の始まりには、そのような問いがあった。つまり、「死の受容」ということである。「死の受容」と言えば、キューブラー＝ロスの「五段階説」が思い浮かぶが、今日では、それをめぐって様々な議論があることはよく知られたことで、「死の受容」をめぐるアポリアは依然として存在していると言えよう。そのような中で、死を身近に、日常的な経験に結びつけた議論もなされている。それが、小論で取り上げたい「小さな死」ということである。

　「小さな死」とは、近年ではノートルダム清心女子大学の理事長であった渡辺和子の広く読まれている著作によって知られた言葉である。それはやがて来る「大きな死のリハーサ

ル」[1]であるとして、死の意味を考えるに身近な体験から考えるヒントを与えるものとなっている。しかしながら、欧米では、「小さな死」とは、従来より、さまざまな意味で語られてきた言葉でもある。「小さな死」の多様性については、すでに他で論じているが、一般的に3通りの用いられ方がなされている[2]。すなわち、「小さな死」を大切な人、物を失ったときの喪失感を「死」に結びつけ、それを「小さな死」と呼ぶものである。また、「小さな死」を「子どもの死」として、「大人の死」と区別して用いるものもある。そして、これが、欧米では、最も「小さな死」という言葉がその意味を喚起するものであるかもしれないが、性行為における「オーガスム」を意味するものとしての使用である。

　そのように、さまざまな意味において使用される「小さな死」の中で最もかけ離れているように見えるのが、渡辺和子による「大きな死のリハーサル」として「小さな死」と、ジョルジュ・バタイユによる「オーガスム」としての「小さな死」である。しかしながら、両者の「小さな死」の間には、通底する意味があるようにも思われる。

　かたやカトリックのシスターとして知られる渡辺和子と、かたや異端の無神論者であるジョルジュ・バタイユ（もともとはカトリック信者であったのであるが）が、共に「小さな死」という言葉（もちろん渡辺は日本語であり、バタイユは、直訳すれば「小さな死」と訳せるフランス語（la petite mort）であるが）を使っていることは単なる言葉の類似ということではないようにも思われる。両者の「小さな死」をめぐる議論を見ていくと、そこには、「小さな死」の意味において類似性が認め

られるからである。

　小論は、渡辺が語る「小さな死」とバタイユが語る「小さな死」には、死の意味をめぐって類似性があることを示す試みである。

　以下、小論ではまず、渡辺の「小さな死」の意味を論じ、次に、バタイユの「小さな死」が意味するものを明らかにして、最後に、これらの二つの「小さな死」に通底する意味を考察し、「小さな死」に込められた「死」の意味を改めて考察する。

2　渡辺和子の「小さな死」

　まず、渡辺の「小さな死」の意味を見ていくのであるが、これについてはすでに筆者は3つの意味があることを論じている[3]。ここでは、その3つの意味について示して、その中で、バタイユの「小さな死」につながる意味について予備的考察を行う。

　渡辺は「小さな死」を3つの意味で論じている。それらを「小さな死①」、「小さな死②」、「小さな死③」としておこう。
　まず、「小さな死①」は次のような文脈で示されているものである。すなわち、

　　人は皆、いつか死にます。公演を行う時など、リハーサルをしておくと、本番であがったり、慌てないですむように、死そのものを取り乱すことなく迎えるためにも、リハーサルをしておくことは、よいことなのです[4]。

　つまり、「小さな死①」とは、「大きな死」（通常の、呼吸が
なくなり、心臓が止まり、体が冷たくなる死のことである）の「リ
ハーサル」とするものである。つまり、「小さな死」は「大
きな死」にいたるリハーサルであり、生きながら経験できる
「小さな死」を通して「大きな死」を経験できる対象として
理解させようとする。

　次に「小さな死②」は次のような文脈で示されるもので
ある。すなわち、

　　"小さな死"とは、自分のわがままを抑えて、他人の喜
　　びとなる生き方をすること、面倒なことを面倒くさが
　　らず笑顔で行うこと、仕返しや口答えを我慢すること
　　など、自己中心的な自分との絶え間ない戦いにおいて
　　実現できるものなのです[5]。

　ここでの「小さな死②」は、「自分のわがまま」や「自分
の欲望や感情」を、「がまん」したり、「抑制」[6]したりする
ことを意味している。いわば「自分」を押し殺すことであり、
自分を制限することであり、このことは「小さな死①」にも
共通し、全くの自分を失うことが「大きな死」とすれば、「自
分の一部」を失うという経験において「死」に経験的意味を
持たせようとすると考えられる。それと同時に、「わがまま」
や「欲望や感情」という「悪しきもの」を「禁欲する」とい
う倫理的意味を「小さな死」に結びつけている。「死」を「悪
しき自己」に対する「制裁」としての意味づけも考えられる。

そして、「小さな死③」は次のような文脈で示される。すなわち、

　「一粒の麦が地に落ちて死ねば多くの実を結ぶ」ように、私たちの"小さな死"は、いのちを生むのです[7]。

　ここでの「小さな死③」とは、新たな「いのちを生む」、「多くの実りをもたらす」死であるという新たな意味が示されている。それは、「小さな死①」、「小さな②」におけるような「死」に結びつけるのではなく、新たな「生」を生み出すものとしての意味を持たせるものであり、聖書の「一粒の麦」のたとえに言及させていることからも、日常的な経験での理解を超える宗教的な意味を持たせたものであり、「小さな死①」と「小さな死②」の意味とは次元を異にしているものと考えられよう。

　以上のことから、「小さな死①」、「小さな死②」、「小さな死③」は、相互に、次のような意味の関係が見て取れるように思われる。

　「小さな死①」はリハーサルという経験的意味を、「小さな死②」は「小さな死①」の意味に加えて「がまん」や「制御」という倫理的意味を、「小さな死③」は「小さな死①」と「小さな死②」の意味に加えて、「新たな生を生む」という宗教的意味を持たせていると言えよう。こうしてみると、「小さな死」は、経験的意味から宗教的な意味への連続的理解を導くことが意図しているように思われる。

　それでは、これらの「小さな死」の意味をわれわれはどの

ように考えることができるかを試みてみよう。前述したように、「小さな死①」と「小さな死②」の意味は、日常的な経験の中で考えることができるように思われる。なぜなら、「リハーサル」や「がまん」は日常的に経験していることであるからである。しかしながら、「小さな死③」は聖書の言葉への言及もあり、キリスト教の信仰を持たないものには日常的文脈では理解しにくいものであろう。そのことからも分かるように、「小さな死①」及び「小さな死②」と、「小さな死③」の間には大きなギャップがある。つまり、「小さな死③」においては、それは、「新たないのち」を生む「死」であり、それは、「小さな死①」と「小さな死②」とは異なり、「個体としての私の死」を意味しており、「小さな死①」と「小さな死②」をめぐって述べられた「大きな死」のことであると考えられる。しかし、渡辺は、「小さな死①」から「小さな死②」へ、そして「小さな死③」へと続く連続線上に「小さな死③」を捉えることを求めているようである。その連続線を支えているものはどのようなものであろうか。それを示すヒントがバタイユの「小さな死」にあるのではないかというのが次の議論である。

3 ジョルジュ・バタイユの「小さな死」

それでは、バタイユにおける「小さな死」とはどのような文脈で語られているのであろうか。バタイユによる「小さな死」の言及は、彼のエロティシズム論にみられるものであるが、頻繁に言及されるものではない。概念としては、重要で

あるが、言及そのものは限られているように思われる。その
いくつかをみていこう。

　まず、次のような言及がある。

　　　性の快楽は、破滅的な浪費にたいへん近いので、私た
　　　ちはこの快楽の絶頂期を≪小さな死≫と呼んでいるほ
　　　どだ[8]。

　ここでは、「小さな死」は「快楽の絶頂期」を指すものと
して示されている。その言葉が指す「快楽の絶頂期」は「性
の快楽」におけるものであるが、それを「破滅的な浪費にた
いへん近い」ものとし、「小さな死」は「浪費」であるが、「喪
失」を意味してもいると考えられる。それでは、「性の絶頂
期」に失うものとは何であろうか。このことが、「小さな死」
についての言及が強調される、晩年の主著『エロスの涙』に
おいてみられる。すなわち、

　　　人間の本質が、性欲（セクシュアリテ）－人間の起源、始まりである－
　　　の中にあるとしても、それは人間に狂乱の他には解決
　　　法のない問題を提起する。
　　　この狂乱は、≪小さな死≫の中において与えられる。最
　　　終的な死の前－味として以外に、その≪小さな死≫を
　　　充分に生きることが、私にできるであろうか[9]。（傍点は
　　　引用文献における記載による。）

　ここで、バタイユは、「人間の本質」を「性欲（セクシュアリテ）」として、

その提起する「問題」を「狂乱」の中に求めようとする。そして、その「狂乱」は「小さな死」の中において与えられるものであるが、その「小さな死」を「生きる」ことが「私にできる」かと自問している。「人間の本質」に関わる問題が解決されるべきところの「小さな死」を「私」が「生きる」ことができるかどうか問われるものが「小さな死」なのである。ここでは、何がまず答えられるべきなのか。すなわち、「小さな死」と「私」の関係が問われることになろう。そのような「小さな死」については、同書で、次のように言及されている。

　　　本書の意味は、第一において、≪小さな死≫と究極的な死との同一性へと意識を開示することである。悦楽から、熱狂から、際限のない恐怖へ[10]。(傍点は引用文献における記載による。)

　そして、

　　　もしも、エロティシズムの結果が、子供が生まれるかもしれないということとは独立に、欲望の観点において取り扱われるとすれば、それは喪失であって、それには、≪小さな死≫という逆説的に正当な表現が応ずるのである。≪小さな死≫と、死とか死の冷たい恐怖とかの間には、ほとんど共通点がない……[11]。

　ここでは、「小さな死」は「究極的な死」、つまり「個体としての死」との同一性において捉えられることを述べて、「エ

ロティシズムの結果」としての「子供が生まれるかもしれない」という「生殖」の意味とは離れて、「生殖」とは逆説的な「喪失」という観点から「小さな死」を捉える必要が強調され、「死とか死の冷たい恐怖」とは「共通点がない」こととするのである。それでは、「生殖」と「喪失」の違いは何であり、その「喪失」と「恐怖」はどうのように「共通点がない」のであろうか。ここでの「生殖」に関しては次のような言及がある。

> 　個体としての死は、その存在の生殖面での過剰の一様相にほかならない。ところで、有性生殖も、無性生殖において賭けられている生の不死性のきわめて複雑な一様相でしかない。もっともこの場合、不死性といっても、それは同時に個体としての死なのだが。その意味でいかなる動物も、有性生殖をする場合には、かならず死をその究極のかたちとしてとする動きに身をゆだねないわけにはいかないのである。いずれにせよ、性欲発情の根底には、自我の孤立性の否定が横たわっている[12]。

　ここでは、「生殖」とは生物学的な意味での「生殖」を指している。それは種としての「生の不死性」とは、「生殖」の「一様相」とされる。この「不死性」は同時に「個体としての死」でもあるとされ、それは「私」という「個体」の「死」を意味していると言えよう。そこでは、「生殖」を可能とする「性欲発情の根底」に「自我の孤立性の否定」をおいている。つまり、「性欲発情」から「絶頂期」にいたる「小さな死」においては「自我の孤立性の否定」が存在することになる。「小

さな死」は「自我の孤立性の否定」に結びついているのである。

　このことについては、次のような吉本隆明による解説がある。

　　たとえば、バタイユが性欲には死が前提としてふくま
　　れているというとき、ふたつのことを意味している。
　　ひとつはこの性欲という言葉は純粋に動物的な種の増
　　殖にいたるための本能の発現という意味で使われてい
　　る。性欲の発現として性交の行為が絶頂にいたったと
　　き、純粋に動物的な意味で射精（その受容）と弛緩が起る。
　　このとき個体は小さな死を体験する。またこの小さな
　　死は大きな個体の死の一片を削りとったものといえよ
　　う。同時にこの体験は個体が個体を離脱して小さな死
　　において種に同化することだ。これが陶酔や愉悦や快
　　楽を誘発するものだとすれば、その歓喜の瞬間に生の
　　絶頂の歓喜と個体の死の削り取りの体験とが合致した
　　ことを意味している[13]。

　この解説は、バタイユの「小さな死」が「種に同化するこ
とだ」というように、やや生物学的意味を強調しているよう
にもみえるが、「小さな死」が「個体が個体を離脱する」こ
とによって捉えられることを示している。

　以上のように、バタイユの「小さな死」について、バタイ
ユ自身の言及を中心にみてきたわけであるが、次に、その「小
さな死」の意味することをバタイユ研究者である酒井健の議
論から考えてみよう。たとえば、

　　人間が生きてゆくうえで大切なもの、それはまず人間
　　自身の存在、主体の存在だ。「内的体験」は、この主体
　　を完全にはではなくとも滅ぼそうとする「主体の供犠」
　　にほかならない。生きながら自らのなかで死を味わう、
　　あるいは「死なずに死ぬ」(一六世紀スペインの修道女アヴィ
　　ラの聖テレサの言葉でバタイユが愛好した表現)「小死」の
　　体験、「部分的な死」の体験である[14]。

　ここでの「内的経験」とは、「主体の存在」を滅ぼそうと
する体験であり、「主体」を「供犠」として捧げることであ
る。つまり、「主体」である「自己」を「いけにえ」とし、「自
己」を離れることである。それが、「小さな死」(酒井は「小死」
の語を使っている) なのであるとしている。
　また、バタイユのエロティシズム論については次のように
述べられている。

　　バタイユのエロチシズム論の鍵を握っているのは死の
　　問題である。死の感覚がエロチシズムを引き起こす[15]。

　ここでは、バタイユのエロティシズム論 (酒井は「エロチ
シズム論」の語を使っている) の「鍵」は「死の問題」であり、「死」
と「エロティシズム」の結びつきが強調されて、さらに、次
のような指摘がある。

　　不連続的存在とは個々の人間、個人としての人間のこ

とだ。死とはいうまでもなくこの個別的人間存在への
否定である。性の体験において人は、素朴な陶酔感を
超えたところで、この死の危機に直面する[16]。

　ここでは、「不連続的存在」としての「個人としての人間」
が、「陶酔感を超えたところ」で「死」に直面し、そこでは
「個別的人間存在への否定」にいたるのである。その「個別
的人間存在への否定」とは、バタイユの「自我の孤立性の否
定」ということであろう。すなわち、「陶酔感のこえたところ」
の「小さな死」においては「個別的人間存在への否定」が求
められるのであるとされる。

4　二つの「小さな死」の基底にあるもの

　以上のことより、まず、バタイユの「小さな死」は、「快
楽の絶頂期」である「小さな死」が、「死」につながるのは、
「個別的人間存在への否定」、すなわち「自我の孤立性の否
定」に関わってくることが示される。確かに、「小さな死」は、
まだ「個体の死」、渡辺の言い方によれば、「大きな死」になっ
ていないのであるが、それが、「自我」、「主体」、「個体」と
しての「私」における「個別的人間存在への否定」を含んで
いるということである。

　バタイユの「小さな死」の根幹である「個別的人間存在へ
の否定」という観点から、渡辺の「小さな死」を見直してみ
ると、「小さな死①」は、「個別的人間存在」である「私」の
一時的喪失体験を重ねることが「大きな死」における「個別

的人間存在」の全面的否定にいたる「リハーサル」なのである。「小さな死②」とは、「がまん」することは、やはり「個別的人間存在」としての「私」の一時的否定には他ならない。「私」の「わがまま」を「がまん」して、「個別的人間存在」としての「私」を否定することである。そして、「小さな死③」は「私」という「個別的人間存在」を否定することによって「大きな死」となり、「私」が否定され、「新たないのち」の意味が求められることになる。この「新たないのち」とは何かは渡辺とバタイユでは異なるかもしれないが、「個別的人間存在への否定」つまり、「私」を全面的に否定し、「新たないのち」つまり「新たないのちの意味」を持つことにおいては、共通のまなざしがあると考えられよう。

　これまでみてきたように、渡辺の「小さな死」とバタイユの「小さな死」は一見両極になるようにも見えたが、実は根底においては「個別的人間存在への否定」において通底するものを持っていた。そこにはまた、現代の個人主義、近代個人主義への疑義と超克が求められていることが示されてきた。近代の個人主義によってもたらされたものへのさまざまな問題性に翻弄されている現代人にとって両者の「小さな死」が共に受け止められた背景にはこのような近代の個人主義への疑義と、そこからの解放の示唆が存在していたことが分かる。

5　最後に

　渡辺の「小さな死」から始まり、そこでの３つの意味の間の関係についての筆者の不理解が、バタイユの「小さな死」

を手掛かりに、また、渡辺の「小さな死」の新たな理解へと至った軌跡が、ここでの、二つの「小さな死」がどうにか筆者の中で巡り合った、その邂逅の軌跡である。二つの「小さな死」は、「個別的人間存在への否定」ということにおいて結びついた。そのことを小論の冒頭の疑問に戻って考えるとすれば、病む人にとっての「生の終焉」においては、病む人その人における「個別的人間存在への否定」が問われることになる。もしそうであれば、そこに「寄り添う」には、「寄り添う人」の「個別的人間存在への否定」もまた問われることになるのでないだろうか。そこでの「個別的人間存在への否定」とはまた、近代の個人主義への決別と、「個人」からの解放という意味も含まれているのではないか。例えば、次のような主張がある。

　　死への恐怖、裏を返せば個体としての存在を擁護してゆく姿勢は、ヨーロッパでは今でも根強く存在している。個人の自立と自由、個人の主体性と独自性、こういった個人に関する価値を西欧人が声高に叫ぶとき、彼らの意識の底では個体の消滅への度の強い恐怖感が作用しているとみてよい。個体としての人間を肯定してゆく態度は西欧の本質なのだ。宿痾といってよい。
　　西欧が西欧であり続ける限り、バタイユのエロチシズム論は滅びはしない。西欧人が個体の存し方に執着する限り、彼のエロチシズム論は西欧の外部を指示する思想として有効であり続けるであろう[17]。

　これは、バタイユについての言であるが、渡辺の「小さな死」に込められたことは真にこのような「個人」への疑義と決別にあるのではないだろうか。また、このことが「死」をめぐる議論において問題にされるのであれば、現在の「死」をめぐる議論を展開しようとする「死生学」の議論においても問題とされるべきであることが示唆されているのではないだろうか。

注

1　渡辺和子『置かれた場所で咲きなさい』(幻冬舎、2012 年)、154 頁。
2　大林雅之「小さな死によせて」、『死生学年報 2016』(リトン、2016 年)
3　同上。
4　渡辺和子『面倒だから、しよう』(幻冬舎、2013 年)、27 頁。
5　渡辺『置かれた場所で咲きなさい』、154 頁。
6　渡辺『面倒だから、しよう』、27 頁。
7　渡辺『置かれた場所で咲きなさい』、155 頁。
8　ジョルジュ・バタイユ (酒井健訳)『エロティシズム』(筑摩書房、2000 年)、288 頁。
9　ジョルジュ・バタイユ (森本和夫訳)『エロスの涙』(筑摩書房、2001 年)、13 頁。
10　同上、13-14 頁。
11　同上、52 頁。
12　ジョルジュ・バタイユ (山本功訳)『文学と悪』(筑摩書房、1998 年) 20 頁。
13　同上、339 頁。
14　酒井健『バタイユ入門』(筑摩書房、1996 年)、228 頁。
15　同上、241-242 頁。
16　同上、242 頁。
17　同上、252 頁。

第3章　老いにおける性と死

1　はじめに

　「老い」に関する研究分野としては、「老年学」という言葉も用いられている。それは、医学、保健学や社会科学なども含めた学際的分野とされ、英語の"gerontology"の訳語でもある[1]。もっとも英語には"geriatrics"という語もあり、こちらは医学関連の研究分野で使われており、日本語では「老人病学」ないし「老年医学」の訳語も使われている[2]。

　日本において、「老年学」が一般に広く注目されるようになったのは高齢化率が7パーセントを超えた1970年代であろう。それまでに医学や看護学の世界では「老年医学」や「老年看護学」の言葉は使われているが、高齢者を取り巻く問題が医療の枠を越えて広く社会問題としてクローズアップされたのは1970年代初めであったとみてよいであろう。中でも大きな話題を提供したのは、有吉佐和子の小説「恍惚の人」[3]で、それまでにも「ボケ」や「痴呆」は家庭内の日常的な問題としては意識されてはいたが、高齢化社会の到来の中で、社会の問題として対応することを刺激したものと受け止められた[4]。

　このような背景の中で、「高齢化社会」と「高齢社会」とわが国は進行し、現在では高齢化率21パーセントを超え、「超高齢社会」という言葉も使われている[5]。そこでは、「老年」

や「老人」という言葉はネガティブな意味を含んでいることの指摘もあり[6]、「高齢者」という言葉が一般的に使われるようになってきた。

　しかしながら、「老い」という言葉には何も否定的な、差別的な意味が含まれていたのではなく、むしろ肯定的な意味で、人間の「成熟」や「達成」などの到達した状態を示す言葉でもあった[7]。そのように考えてみると、「老人」から「高齢者」へという表現の変化には、「老年医学」や「老年看護学」などの使用における、医療・看護の対象としての「老化」に含まれるネガティブな意味合いが影響を与えているようにも思われる。そして、社会的制度化の中で、政策的な用語として「老人」に代わり、「高齢者」が使われるようになり、それは、今日では、「65 歳以上」の人を制度的に、事務的に指すことによって価値的な意味合いを回避して使われているように考えられる（最近では、身体機能の向上を理由に、日本老年医学会が高齢者を「75 歳以上」とするように提言している[8]）。

　以上のように、「高齢社会」や「高齢者」への関心が高まる中で、高齢者を取り巻く問題が議論されることになったのであるが、そこでのトピックスとして言及されることが少なかった問題の一つが、「性」・「セクシュアリティー」の問題である[9]。実際に従来からある「老年学」や「老年医学」に関する教科書を見ても「性」に関する事項はほとんどない[10]。近年に出版されている「高齢者」の問題をめぐる教科書などにおいても「性」の項目はほとんどない[11]。しかしながら、そのような中での「高齢者の性」に関する、希少な調査研究の嚆矢となったものが、大工原秀子による研究であっ

た。日本において高齢化社会が訪れた 1970 年代の最後の年
(1979 年) に出版された『老年期の性』[12] は実態調査に基づき、
高齢者の現実を明らかにした先駆的研究としての役割を示し
た。そこでは、高齢者における「性」の実態がリアルに示さ
れ、それまで社会から分離され、タブー化されてきた「高齢
者の性」の問題が改めて再認識されると同時に、高齢者にとっ
ての「性」をめぐる問題を社会が正面から見つめ、取り上げ、
受容することの必要性が明らかにされた。

　このように見ていくと、現在における「高齢者の性」への
関心は、もちろん、従来からの「枯れる性」という認識から
異なる高齢者における「性」への意識への変化が十分に考え
られる必要性が強調されるが、その一方で、社会的背景の中
に、マーケットとして「高齢者の性」が経済的な価値を高め
ており、高齢者向けの「性」に関する記事を載せている週刊
誌や雑誌、そして書籍の出版は近年富に盛んである現象を生
んでいる[13]。

　また、前述したように、高齢者の問題における「性」への
言及が重要なものになってきた背景には、高齢社会における
福祉・介護の現場での「性」をめぐる「問題」が注目されて
きたこともある。例えば、高齢者の福祉施設における「性の
トラブル」とも呼ばれるような問題であり、主として介護者
から見た「問題」として取り上げられる。その中には、利用
者による介護者への「セクハラ」行為もある。また、最近では、
同性介護の限界、介護者による利用者への性的虐待の問題や、
利用者の性行動に対する介護者側の対応の　問題も多く取り
上げられるようになってきており、社会的関心が高まってい

る。

　小論で特に言及したいのが、そのような福祉・介護の領域
での問題である。高齢者を対象とする領域の一つである福祉・
介護の現場では依然として、「高齢者の性」の問題は、「困った」
問題であり、「対策」が求められる問題としての言及に終始
しているように見える。そこでの議論は、「性」の問題が「汚染」
という視点で議論され、対策としても、「人生の機微」を心
得た介護者の個人的配慮として、現実的な「性」の問題の「処
理」を議論するものとなっている。そこには、人間としての
「性」のあり方を高齢者においても考えるという根本的な課
題に向き合ってこなかったという実情が示されている。

　例えば、大工原の上記の書の出版から 35 年ほど経た 2015
年に出版された『高齢者の在宅・施設介護における性的トラ
ブル対応法』[14] という書物の中には次のような記述がある。

> 　介護保険施設において一人になれる時間や空間、邪魔
> が入らないプライバシーが十分に保たれる時間や空間
> の確保はとても大事だと考えている。60 歳代でも健康
> な男女は、「月に 1 回以上の性行為を行っている」とい
> う調査（大工原秀子著『老年期の性』ミネルヴァ書房）結果
> からも、安心して、夫婦が性行為ができたり、本人 1
> 人でマスターベーションができる時間と空間を確保して
> あげることは非常に重要だと感じている [15]。

　この記述において興味深いのは、高齢者夫婦のための時間・
空間の確保の指摘よりも、実に 35 年余の歳月を経ても高齢者

の性行為への社会的対応の必要性を大工原の著作を根拠になされている実態である。そこには、大工原の調査による実態を知りながらも、高齢者福祉の現場では、その改善への動きが遅々として進んでいなかったことが如実に示されている[16]。

そのような高齢者の「性」に関する問題の捉え方には、そもそもの我々の社会における「性」の捉え方が前提となっていると考えられる。すなわち、後に詳述するが、「性」は「困った」、「避けるべき」問題であり、それには、「汚染」であり、「処理」すべきという「対策」や「対応」が求められるものなのである。そこには、「健全な性」や「正しい性」が前提とされているのである。その意味でも、高齢者の「性」の問題を考えることは、現在の我々の社会における「性」のあり方を議論することにもなるのである。

そのような状況を踏まえて、小論では、高齢者について肯定的には検討されることがなかった「性」の問題点に焦点を当てて考察し、現代社会における「性」の意味を見直す示唆を得たい。そこでは、高齢者の「性」の問題は、現在社会における「性」の問題が顕在化したものとして捉え、「高齢者の性」をどのように捉えることができるのか、その可能性を示したいということである。

そのような目的を達成するために、小論では、特に、福祉や介護における、高齢者の「性」の問題に関する言及に注目して、いくつかの特徴的な捉え方を指摘してみる。なぜ、福祉・介護の現場における「性」の捉え方に注目するのかというと、大工原もそうであったが、福祉や介護の現場からの問題提起を受けて、介護される高齢者の「性」の問題をめぐる

議論はその時の一般的な社会における「性」の捉え方が前提となって論じられていることにより、それが如実に投影されていると考えられるからである。つまり、一般的社会から見れば、高齢者になっても「性」への関心を持つことは、高齢者としては「逸脱」しているとされ、「性」への関心が異常に表出された、また、本来の高齢者にふさわしい「性への関心の低下」、生理的にも、老化による性機能の低下から、異常に逸脱した、コントロールの効かなくなった異常な「高齢者の性」という捉え方がそこに顕在化していると考えられるからである。

2　高齢者における「性」の捉え方—特に「福祉・介護」の文脈から

　ここでは、福祉や介護の現場で、高齢者の「性」が実際にどのように議論されているのかを見ていこう。

(1)「汚くいやらしい」そして「汚染」としての「性」

　まずは、「汚くいやらしい」、つまり汚い「汚染」としてみなされる「性」という捉え方である。例えば、次のような言及がある。

　　施設の介護職員は、療養している高齢者と初対面の時には、性欲や性行為などとは無縁の存在だろうと思って介護に当たる。だから、介護の中に性的なことが見えると顔をそむけ、汚くいやらしいことと捉えてしまうのである。そんな経験をすると「高齢者にも性欲が

　ある」ことを頭で理解できるようになるが、高齢者同
　士の性行為や自慰行為による射精後の汚染（精液など）
　を見ると嫌な気分になるようである[17]。

　ここでは、施設の介護職員の捉え方が指摘されているので
あるが、引用文の著者もここでは介護職員に同情的であるよ
うにも読めるが、高齢者の「性行為」や「自慰行為」そのも
のも、またその結果としての「汚染（精液など）」も汚らしい
ものとして捉えている。高齢者の「性」をめぐって「汚染」
の語が使われているのは、医療や福祉現場では、血液や尿な
どが衣服等に付着した場合には衛生上から「汚染」というの
であろうが、「性行為」と「汚染」を結びつけるのは、筆者
には違和感を覚えるような語の使用例である。

（2）「切り抜ける」べき性

　次に、高齢者の性は、まともに正面から取り組むべきもの
ではなく、切り抜けるべきものとしての捉え方である。例え
ば、次のような言及である。

　ベテランの看護師は男性の利用者から性行為を迫られ
　ると、「後でゆっくりお相手するからこれからお風呂に
　入ってしっかりきれいにしておいてね」と言うそうで
　ある。それは、入浴を拒否する利用者に対して、男性
　も女性も関係なく、介護技術として使えることである。
　そう言われた利用者は、お風呂にゆっくり入って気持
　ちよくなった時には、自分が性行為の誘いをして職員

に「お風呂に入ってきれいにしておいてね」などと言われたことは忘れているのである。この方法が永遠に有効かはわからないが、ある期間はうまく切り抜けられるだろう。「介護職員はある意味役者であれ」と認知症ケアでは言われているが、そのことが有効にできるロールプレイの場面でもあると言えよう[18]。

このように切り抜ける対応ができるために必要なのが、「人生の機微」とされるのである。すなわち、「さらに、一歩踏み込んだ対応として」、「ある程度、人生の機微がわかる人を派遣する」[19]ことが求められるのである。ここでの「機微」とは、建前としては、まともに相手にしないことであるが、人間の示すネガティブな面も寛容に受け止められる受容能力、つまり「清濁併せ呑む」ような「大人としての器量」が求められるとしているのである。

（3）「解消を図る」べき性

さらに、問題を「解決」するのではなく、「解消」する対象として「性」を捉えることである。その「方法」は次のように述べられている。

一つめは多様な活動で性的欲求の解消を図る方法です。
……
二つめは本人の希望を聞き、可能な範囲での解消方法を実現することです。本人が希望すればポルノ雑誌やポルノビデオを持ち込むことも許容してもよいと思い

ます。ただ、多床室でほかの人に迷惑になると予想される場合は、個人で使用できる部屋を提供する必要があります。マスターベーションで性的解消を図るためにも、プライバシーが守れる空間の提供は有効かもしれません。賛否両論があると思いますが、月1回ソープランドに行くことを認めたことで性的言動と生活態度が改善した事例があります。この男性の場合も、もし性欲を満たしたいなら息子に頼んで外出・外泊の際に、ということもできるでしょう[20]。

　このような対応は、果たして推奨されるようなものなのであろうか。性風俗産業を現実にはあるものとして容認していることが前提である例なのか、注意すべき方法であるようにも思われる。例えば、当該の問題を抱える高齢者が、それまでに、実直に生きてきて、性風俗産業に足を踏み入れたことがないような高齢者であった場合に、「さあ、行ってらっしゃい、連れてってもらいなさい」と言われて、「はい、そうします」と答えることができるのであろうか。その人の人生を生きてきた「尊厳」を尊重していると言えるのであろうか。もし、高齢者ではなく、「性」の問題に悩む高校生が対象であったなら同じような対応ができるのであろうか。このような対応は、その介護職員自身の問題にもなろう。つまり、そのような対応は、介護職員その人の尊厳を傷つけることにもなるのではないのかということである。

（4）コントルールできない「本能」としての性

　よく高齢者の性的行動に関しては、「壊れた性」という言い方もなされるのであるが、それは、性を「本能」の発露として捉えていることを前提としている。つまり、本能としての「性行為」が理性によってコントロールできなくなるという説明である。このような見方は、性を生物学的、医学的に説明することにおいて利用されるものである。例えば、次のようなものがある。

　　しかし、性的行為に及ぶ男性利用者の大半は実際の行為によって性欲の解消を図ろうとしているとは思えません。生理的な性的欲求は加齢とともに低下し、勃起能力も低下します。特に健康状態が損なわれると性機能は一層低下します。認知症の女性のおむつを外し、自分も下半身裸で女性の上に乗っているという行動を取っても、例えば 70 代で要介護状態の利用者の場合、実際の性交は不能だと考えられます。
　　「それなのになぜ、そのような行為を？」というわけです。性的に不能かどうかは別問題で、性は人間としての本能である、認知症で理性のコントロールが効かなくなり、その本能的な欲求が表面に出た。そんな説明も可能かもしれません。しかし、単純に本能と片づけていいのか、とも思います。本能で片づけると、そこから有効な対応策は出てこない、ただ、何とか抑え込もうとする、あるいは、物理的に引き離す作戦しか出

てこない、という気がします。これまで女性利用者に
性的な行為を働く男性利用者には比較的安易に投薬に
よる拘束がされてきました。これなど何とか抑え込も
うとする発想に立った対処だといえるでしょう[21]。

　ここでの引用文の著者は、本能として「性」を捉えている
のでは必ずしもないが、そのような捉え方を指摘しているの
である。このように、「性」を本能、すなわち生物学的、そ
れはまた医学的ということにもなろうが、そのような見方に
は次のようなものもある。

　　また、高齢者の様々な治療のために服用する薬剤の中
　　には、性的能力を刺激するものもあり、それらの副作
　　用によって性的関心が高められることもあるようであ
　　る。パーキンソン病の治療薬の中には、性的刺激を惹
　　起する薬剤もありと言われているため、時にはその薬
　　の副作用に詳しい医師や主治医と相談しなければなら
　　ないこともある[22]。

　ここでは、つまり、「性」を生物学的、医学的なモデルで
理解しようとしている。要するに、「性」の問題を生物学的、
医学的問題にして取り扱っていこうとするのである。後述す
る健康志向のための「性」という捉え方も同様である。

(5)若い頃の「性の理解」の反映
　次に、高齢者自身の「性」の捉え方についての指摘である

が、それは、高齢者が生きてきた社会における我々の社会における「性」の捉え方を無批判に前提として、高齢者の性行動を解釈するものである。例えば次のようなものである。

　　多くの事例で男性利用者は人目のつかいないところで、人目を逃れて性的な行為に及ぼうとします。人目に触れればとがめられる「いけない行為」「恥ずかしい行為」という意識はあるようです。そんな意識をもちながらも、過去に男性として女性にとってきた行為を再現しようとするわけです。
　　そんな行為の背景に利用者のさまざまな内的な欲求をくみ取ることもできるのではないでしょうか。これまで男としてとってきた行為の再現は自分の男性性を確認しようとする無意識な欲求かもしれません。それは、自分自身を確認することでもあります。あるいは、パートナーと過ごした日々を想起し、人間的なぬくもりのある関係が欲しい、自分を認めて欲しいと願い、肌のぬくもりなかに安らぎを見出すとしているのかもしれません。このような心理的・内的な欲求をくみ取ることで、私たちはさまざまな人間的な対応を見出すこともできるわけです[23]。

　ここでは、若い頃の「性」の捉え方、すなわち、「男性利用者」が育った社会における「性」の捉え方を前提として容認し、そのような「性」の理解を現実肯定的に、無批判的な態度をとって、利用者の心理的、内的な欲求として「人間的

な対応」として捉えようとするのである。

　以上で見てきたように、現在、福祉・介護の文脈での高齢者の「性」の捉え方にはいくつかの特徴が見られた。もちろん一般的には、高齢者は「性」、つまり性行為や性への関心は年齢とともに低下するのが当然であり、「枯れる」という視点から考えられており、それを前提として、様々に語られているというのが実情であろう。依然として、高齢者の「性」は、従来からの社会における固定した位置付けを前提にしているのである。

　そのような前提を置いていることによって関心を集めようとする週刊誌や　健康志向雑誌などの出版物における「性」の記事がある。すなわち、「回春産業」と言って良いほどの高齢者向け性風俗産業の宣伝がなされ、そのような産業の広告的記事が週刊誌などには目立つのである。また、高齢者向けの健康志向雑誌などでも「性」に関する特集が多く組まれており、中には高齢者夫婦やカップル向け実践指南書のようなものもある。もちろんこれらの背景には、高齢者も介護を必要とすることはなく健康的に自律的生活をする人々が多くおり、それらの人のニーズにこたえているというようにも考えられる[24]。

　しかしながら、それらのニーズはまたどのようにもたらされているのかも　重要な問題である。高齢者の「性」を取り上げている書物には高齢者からの　主体的なニーズに応えるというよりは、そのようなニーズを作り上げ、また「煽っている」かのごとき内容のものも見受けられる。

　また、薬物によるコントロールという視点にも注意しなけ

ればならない。高齢者の「性」への関心を高めるものとして
は、近年発達が目覚ましい、いわゆる ED 治療薬の役割も大
きいと思われる。高齢者の「性」への悩みが、ED 薬が出現
するまでは、男性の「勃起不全」に関わるものが多かったが、
現在では、そのような訴えは減じてきたとされる[25]。

3 「高齢者の性」を捉え直す視点

 以上のように、現在では、高齢者の「性」をめぐる問題は
様々に論じられている。しかしながら、その背景にある「性」
そのもの意味は、依然として、従来からある「性」の意味を
前提として、高齢者の「性」を論じていることがわかってき
た。それゆえに、高齢者の「性」を論じるには、いくつかの
論点が必要になろう。

 まずは社会における「性（セクシュアリティー）」の歴史的
変遷から見直すということである。特に、高齢者の「性」に
ついて、歴史的にはどのように論じられてきたかについて調
べることによって、その時代における「性」の意味が明らか
になる。

 そして、次に、そのような意味から、高齢者の「性」が論
じられることによって、その社会における「高齢者」の位置
付けが明らかになる。「老い」と「性」の関係がそれぞれの
意味を示すのである。つまり、「老い」そのものの社会的位
置づけにおける「性」のあり方を明らかにする。それはまた、
「老い」の視点から「性」を見直すことにもなる。

 特に、それらの論点は、現代において、高齢者の「性」が「枯

れない性」、「壊れた性」とされ、認知症の「症状」として扱
われ、言わば、「病気」としての「高齢者の性」が論じられ
ることになる。このような見方が、福祉や介護の領域での「高
齢者の性」の問題において大きな影響を与えているのは前に
見たとおりである。

　以上のような問題提起を踏まえて、以下では、人間生活に
とって「性」が不可欠であることの認識を高齢者にも当然意
味あるものであることについて、生命に関わる問題を単に医
療や福祉の視点から考えるだけではなく広く、その背景にあ
る時代の文化や社会という文脈において考える「カルチュラ
ル・バイオエシックス」[26] の立場から、「老い」や「性」に
関わる小説・映画、また、ボーヴォワールやバタイユの思想
的展開をめぐって若干の考察を試み、今後の課題を明らかに
していきたい。

（1）小説・映画における、高齢者の「性」の描かれ方の変遷

　高齢者における「性」のあり方は、小説の中でこれまでも
論じられてきた。例えば、次のような小説が言及される。

　　谷崎潤一郎『鍵』[27]、『瘋癲老人日記』[28]
　　川端康成『山の音』[29]、『眠れる美女』[30]
　　永井荷風『腕くらべ』[31]、『墨東綺譚』[32]

　これらの小説では、老人の「不能」などの性行動に関する「老
化」を前提として、老人たちの「異常な性への関心」を興味
本位的に受け止めるような面も否定しがたいが、これらの小
説に関しての問題は、稿を別にして論じなければならないが、
例えば、永井の作品に関しては、好色な老人の様子が描かれ

ているようなものではなく、特異な「老人の性」の有り様が描かれているとの指摘もある。そこでは、高齢者の生き様を描く中に、高齢者の「性」の見方に新しい視点が見えてくるようにも思われる。例えば、次のような指摘がある。

> ここには敗者の駒代をかばう置屋の主人・呉山老人を通し、荷風の理想　の老いが描かれている。駒代にむらがる壮年の男たちのぎらつく脂のような臭いに比べ、呉山老人は静かな雨や苔の匂いがする。……人間愛と同時に、そこには特異なエロスも生まれている[33]。

これは、永井荷風の『腕くらべ』における「呉山老人」の有り様に言及したものである。この小説では、高齢者の性行動や性への関心が直接的に論じられてはいない。芸者として、うまく世を渡っていない「駒代」を見守る「呉山老人」の姿に「人間愛」とともに、「駒代」に寄せる「特異なエロス」を指摘している。「特異なエロス」とはどのような「エロス」であるのか、その「エロス」は別に明らかにされなければならない。

また、上記の小説には映画化されたものもある。それらにおける、「高齢者の性」の描かれ方は、小説に対する興味本位的関心を前提にしたようなのもあるが、一般に、映画においては、高齢者の性行為そのものを映像化するのには非常に制限が加えられているようである。例えば、高齢男女のキスシーンも一般映画ではなかなか描かれない。そこには、高齢者の性行為に対する、忌避すべき偏見があるように思われる。

しかし、最近になってそのような事情に変化も見られる。外国作品としては、『愛 アムール』[34] や、日本では浜野佐知監督の『百合祭』[35] などがあり、描写には制限があるように見られるが、高齢者の性行為の描かれていて、高齢者の性の問題を正面から扱っている。映画における「高齢者の性」の描かれ方という問題も新たな課題であろう。

（2）哲学・思想における高齢者の「性」の議論

　高齢者と「性」の問題は、哲学や思想上での議論の対象ともなりえてきた。

　「高齢者の性」の有り様を様々な時代や社会において探り、哲学的な考察を試みたシモーヌ・ド・ボーヴォワールはその著『老い』の中で次のように言っている。

> 　生殖機能が減退あるいは消滅した個人は、それだからといって無性化されたわけではない、……それはあくまでも有性の個人であり、―宦官や不能者といえどもそうでありつづける―、ある種の毀損・欠如にもかかわらず、己れの性愛欲（セクシュアリテ）を実現すべき存在なのである[36]。

　ここでは、人間は「性」を持つ「有性の個人」であり、「己の性愛欲を実現すべき存在」なのであるとしている。それ故に、高齢者も「性を持つ個人」であり、「己の性愛欲を実現すべき存在」であるのは当然のことである。　高齢者の人間としての有り様における「性」は不可欠な人間の有り様とされるのである。それでは、高齢者における、人間として不可

欠な性の有り様は高齢者においていかに実現されるのであろうか。高齢者の「性愛欲」がまさに問われているのであり、それは「解消」できないものとして考えられる。このことについては別に論じなければならない。

　また、性と死の問題を論じた、特異な思想家として知られるジョルジュ・バタイユは、高齢者について直接に論じているわけではないが、「死」に向かう「老い」における「性」の意味を「小さな死」の議論から明らかにしようとしている。バタイユは、「小さな死」を「性の快楽（エクスタシー）」として論じているのであるが、それはまた我々の「究極的な死」と結びつけて論じている。そこでは「死」と「性」の密接な意味から、「老い」における「性」に新しい「性」の有り様を見ることができるのである。

　バタイユの「小さな死」については別に論じているが、例えば次のように言っている。

　　　人間の本質が、性欲（セクシュアリテ）―人間の起源、始まりである―の中にあるとしても、それは人間に狂乱のほかには解決法のない問題を提起する。／この狂乱は、＜小さな死＞の中において与えられる。最終的な死の前―味として以外に、その＜小さな死＞を充分に生きることが、私にできるであろうか。／……／本書の意味は、第一において＜小さな死＞と究極的な死との同一性へと意識を開くことである[37]。

　ここで述べられているようにバタイユは、「小さな死」の「究

極的な死」との「同一性」を強調しているのであるが、バタイユにとって「性の快楽」である「小さな死」は「個別的人間存在」としての「自己」を否定すること[38]であり、それがまさに「死」であると論じている。「老人」とはまさに「死に向かう人」であり、そうであるからこそ「性の快楽」を求める存在としても意味を持つのである。このような意味においては、高齢者にとっては「性」の本質が死に向けて意識せざるをえないことになり、そこでこそ「高齢者の性」が問われることになる[39]。

　このような「性」と「死」を結びつける議論に関連して、介護の現場における「最後のセックス」ということの言及には興味深いものがある。「最後のセックス」の意義については、大工原が論じていた[40]が、具合的には次のような事例が指摘されている。

　　筆者が伝え聞いたものにこんな例があります。70代後半のその男性は癌の末期でした。外泊が許された際、妻は最後の帰宅と思って自宅に子や孫を呼びよせました。しかし、妻が病院に迎えに行くと、夫は何が何でも2人でホテルに行くといってきかない。やむなく妻は夫とホテルに行き、夫の求めに応じたとのこと。その2週間後に彼はなくなったそうです。
　　また、筆者が直接話を聞いた例で、連れ合いのない方でも、命あるかぎり人のぬくもりを感じたいという気持ちがあるものだと、しみじみ感じたお話があります。障害を持った車いすの若い女性が老人福祉施設でボラ

ンティアをしていたときのことです。ある高齢の男性から「お乳をさわらせてほしい」と頼まれました。20代の彼女は「障害者だからバカにされているのではないか」と激しい抵抗を感じたものの、何となく背中を押されるような気持ちで触らせてあげました。家に帰った後も悲しい感情は残ったままでした。翌朝施設に行くと、ベッドに男性の姿はなく、亡くなったとのこと。彼女は「あの男性は、最後にお母さんを求めたのだろうか……。あれでよかったのかもしれない」と自分を慰めたそうです**41**。

　これらの例からは、何が示唆されているのであろうか。前述のバタイユの考察からすれば、「死」への意識が「性」につながることは当然のことであると考えられる。つまり、「死」への意識が「性」、つまり「性行為」への欲求になり、つまり「性行為のエクスタシー」である、前述の「小さな死」が求められたのである。それはその「小さな死」に内在化する「個別的人間存在への否定」への欲求であり、「個別的存在」として「自己」からの解放を求めているのである。それはまさに渡辺和子が指摘した「死のリハーサル」としての「小さな死」にもつながり、「死の受容」の表出としても受け止められるのである**42**。

4　まとめ

　これまで見てきたように、「高齢者の性」の問題は福祉・

介護の分野でも議論されてきており、対応にも苦慮されていることが明らかである。しかし、そこでの「高齢者の性」の問題はネガティブに捉えられるものであり、「回避」されるものであり、「解消」される対象として議論されていることも根強くあることが明らかにされた。それは正面から取り上げられることのない問題として扱われてきた。

そのような議論においては、依然として「高齢者の性」が生殖や健康などと関連付けられて、生物学的、医学的な面から議論される傾向があり、「高齢者の性」が「社会を構成する人間」の本質としての「性」の問題の視点から取り組まれること、また「元気な老人」が現代の社会の中でどのように位置づけられ、どのような役割を担うことができるのかという「性」を生きることの可能性という観点から考察することが希薄であったことに原因しているように思われる。それではどのような「高齢者の性」への視点が可能であるのかについては、別に論じなければならないが、前述したように、永井荷風の小説や、バタイユの「性」と「死」を結びつける考察が示唆を与えているように思われるのである。

しかし、ここで最後に述べておきたいのは、前述した大工原は、『老年期の性』において、社会的に高齢者の「性」のあり方の実態を調査によって示しただけではなく、その調査の背景に、社会における「性」のあり方への深い洞察を含んでいたことを示していて興味深い。以下のような記述がある。

　……交接時こそ、女と男の、対人関係の極致が、性を

交えてまさにその場に展開されるでしょうから、お互いが相手の立場に立って相手の意志を尊重して、お互いのクライマックスを合せてエクスタシーに浸る努力をしたとき、自他の意識を失う没我体験を通してお互いを一つに合体させて全てのストレスの解放をそこに見出す。そのことがエロスの瞬間的 死だ、とするならば、これはよほどの対人関係の上手な人、人間に対する基本的信頼関係の育っている人といっしょでなければセックスの快感を味うことはおぼつかなくなるのではないか、結婚の条件が一つ見つかった思いです[43]。

　ここでは、性の問題は、人間そのものの見方の問題とされる。人間の捉え方として、また人間関係の捉え方として考える必要があることを示唆している。このような視点から、高齢者の「性」を考えてみるならば、高齢者の「性」を考えることは実は、我々の社会のおける「性」のあり方、捉え方を見直すことにつながり、高齢者の問題を通して社会の問題を考える突破口になることを大工原は早くも示していたのである。高齢者の「性」の問題を、いわば、日本で初めて発見したと言ってもよい大工原の眼差しは、我々の社会での「性」の捉え方を変えることの必要性を示していることを洞察していたことを我々は改めて評価してみなければならない。

注

1　浜口晴彦（編集代表）『現代エイジング辞典』（早稲田大学出版部、

1996 年）、494 頁。

2　同上、494 頁。

3　有吉佐和子『恍惚の人』(新潮社、1972 年)。

4　和田努「痴呆」、木村利人(編集主幹)『バイオエシックス・ハンドブック—生命倫 理を超えて—』(法研、2003 年)、259 頁。

5　平成 27 年 10 月 1 日現在の日本の高齢化率は、26.7％である。平成 28 年度版高齢社会白書、厚生労働省。

6　和田努「老い」、木村『バイオエシックス・ハンドブック』、240-243 頁。

7　同上。

8　日本老年医学会ホームページ「高齢者の定義と区分に関する、日本老年学会・日本老年医学会 高齢者に関する定義検討ワーキンググループからの提言」、https:// www.jpn-geriat-soc.or.jp/proposal/pdf/definition_01.pdf (閲覧日：2017 年 2 月 1 日)。

9　日本性科学会セクシュアリティ研究会 (編)『セックスレス時代の中高年「性」白書』(株式会社 harunosora、2016 年)、10 頁。

10　例えば、日本老年医学会 (編)『老年医学 系統講義テキスト』(西村書店、2013 年)。

11　例えば、正木治恵・真田弘美(編)『老年看護学概論 改訂第 2 版「老いを生きる」を支えることとは』(南江堂、2016 年)。ここでは、「高齢者の性」について僅かに触れているが、それに対する、社会の否定的で抑圧的な取り扱いの指摘にとどまっている (12 頁)。

12　大工原秀子『老年期の性』(ミネルヴァ書房、1979 年)。

13　高齢者の「性」に関わる特集記事を頻繁に掲載している、代表的な週刊誌としては『週刊ポスト』(小学館)、『週刊現代』(講談社) がある。

14　鈴木俊夫他『高齢者の在宅・施設介護における性的トラブル対応法』(黎明書房、2015 年)。

15　同上、11 頁。

16　もちろん、大工原の調査後にも数々の調査報告がなされているが、改善されているというより、依然として高齢者の「意外な性行動」の実態を示すことに終始しているようなものが多い。最近の調査と言えるものには次のものがある。日本性科学会セクシュアリティ研究会 (編)『セックスレス時代の中高年「性」白書』(株式会社 harunosora、2016 年)。これらの調査結果には確かに高齢

者の「性行動」に対する意識の変化、例えば、「婚外性交（性交渉）」への寛容さやセックスレスの増加などの変化はあるが、「性」そのものへの意識は「快楽としての楽しみ」、「健康に良い」などの医学的見方からの議論があることに変わりはない。この書での対談も、医療や心理の専門家のみでなされていることからか、健康、心理、医療という視点から抜け切れていない。性を正面から議論することをさける、性をネガティブに捉え、タブー化する前提は変わっていないように思われる。

17 鈴木『高齢者の在宅・施設介護における性的トラブル対応法』、12 頁。

18 同上、10 頁。

19 同上、38 頁。

20 荒木乳根子『Q & A で学ぶ 高齢者の性とその対応』（中央法規出版、2008 年）、27 頁。

21 同上、66-67 頁。

22 鈴木『高齢者の在宅・施設介護における性的トラブル対応法』、82 頁。

23 荒木『Q & A で学ぶ 高齢者の性とその対応』、66-67 頁。

24 ここで指摘した「高齢者の性」をめぐる動向に関しての出版物は次のように整理できよう。①高齢者向け「回春産業」のマーケットに向け雑誌としての例。『大人の極意 Vol.4』（蒼竜社、2015 年）。『快活 60』（双葉社、2016 年）。『おとなの流儀 Vol.22』（KK ベストセラーズ、2016 年）など。②「健康指向」や「アンチエイジング」のための「性」に対応した出版物としての例。石濱淳美『シニア・セックス』（彩図社、2008 年）。小林照幸『アンチエイジングＳＥＸ　その傾向と対策』（文藝春秋、2011 年）など。③高齢者の「性」行動を刺激するための出版物。高柳美知子『セックス抜きに老後は語れない』（河出書房、2004 年）。宗美玄『大人のセックス　死ぬまで楽しむために』（講談社、2013 年）など。

25 日本性科学会セクシュアリティ研究会『セックスレス時代の中高年「性」白書』、179 頁。

26 大林雅之「日本におけるカルチュラル・バイオエシックスの可能性」、『人間科学研 究会 生と死』、第 15・16 号合併号（2015 年）、22-32 頁。

27 谷崎潤一郎『鍵・瘋癲老人日記』（新潮社、1968 年）。

28　同上。

29　川端康成『山の音』（新潮社、1957 年）。

30　川端康成『眠れる美女』（新潮社、1967 年）。

31　永井荷風『腕くらべ』（岩波書店、1987 年）。

32　永井荷風『墨東綺譚』（岩波書店、1991 年）。

33　持田叙子『永井荷風の生活革命』（岩波書店、2009 年）、142-143 頁。

34　ミヒャエル・ハネケ監督作品『愛 アムール』2013 年。

35　浜野佐知監督作品『百合祭』2001 年。

36　シモーヌ・ド・ボーヴォワール（朝吹三吉訳）『老い 下』（人文書院、1972 年）、375-376 頁。

37　ジョルジュ・バタイユ（森本和夫訳）『エロスの涙』（筑摩書房、2001 年）、13 頁。

38　酒井健『バタイユ入門』（筑摩書房、1996 年）、242 頁。

39　大林雅之「二つの「小さな死」―その邂逅の軌跡―」、小山千加代編著、『サイエンスとアートとして考える生と死のケア』（エム・シー・ミューズ、2017 年）、57-70 頁。（本書第 2 章参照）

40　大工原秀子『性抜きに老後は語れない 続・老年期の性』（ミネルヴァ書房、1991 年）、213-269 頁。

41　堀口雅子「最後のセックス」、日本性科学会セクシュアリティ研究会『セックスレス時代の中高年「性」白書』、210-211 頁。

42　大林雅之「「小さな死」によせて」、東洋英和女学院大学死生学研究所（編）『死生学年報 2016　生と死に寄り添う』（リトン、2016 年）、241-252 頁。（本書第 1 章参照）

43　大工原『老年期の性』、131-132 頁。

第4章　死に向かう生と性
——高齢者はいかに性を生きるか

1　はじめに

　現在、日本社会は超高齢社会となっているが、高齢者のすべてが、「認知症」、「介護」、「福祉」等の文脈で語られ得る訳ではない。

　そこには、自立した生活を営んでいる高齢者がまた多く存在しており、「健康寿命」の延長ということも強調されている。しかしながら、「元気な高齢者」の生活が豊かな「生活の質（QOL）」を保証されているかというとにわかに返答することは難しい。なぜなら、高齢者に対する、社会保障ということにおいても、高齢者をめぐる問題においても、まず取り上げられるのが、支援や介護を必要とする高齢者であるからである。それは、当然であるとしても、そのような対象にはならない、元気な高齢者には現実の社会が、経済的にも、社会的にも自立して、十分に生きがいを持って活動できる社会になっているとは言えないからである。そのような問題は、年金や医療保険、介護保険をめぐる問題点の指摘の中で顕在化している実態がある[1]。

　そこで、小論においては、高齢者が「自立した生活者」として生きていく上での問題点の析出とその対応について考察

62

し、特にこれまで、高齢者について肯定的には検討されることがなかった「性」の問題に焦点を当てて、元気な高齢者のあり方について考察することを目的とする。

　その目的を達成するために、小論では、手がかりを、介護の対象となる高齢者の「性」をめぐる、いわば「困った問題」や、それらに対する対応に求め、新たな「高齢者の性」を肯定的に捉える視点から、「高齢者の性」のあり方について考察する。その際に、高齢者を「死に向かう存在」と捉え、自立する「高齢者」にとって、日常的に「性」を生きることの可能性を明らかにする。

2　高齢者の「性」への視点の変遷と限界

　わが国における、高齢者の「性」の問題への学術的な議論は、1970年代の後半から始まったと言ってよいであろう。その嚆矢となる、今では古典的と言っても良い研究成果は、大工原秀子の『老年期の性』[2] によって示された。それまで、「高齢者の性」の問題は、「タブー」として捉えられていたが、「受容」へと転換させたのが大工原であった。高齢者の「性」の問題は隠蔽されるものではなく、社会的に対応すべきものと考える必要性を調査に基づいて強調したのであった。しかしながら、それが正当に評価されるには時期尚早であった。依然として「高齢者の性」の問題は、特に「介護」や「福祉」の文脈では、「回避」すべき「困った」問題として扱われている。

　そこでは、「対応（対策）」という名の下に、性行為による

衣服等の「汚染」問題への対策から、「人生の機微」による高齢者の性エネルギーの「解消」を促すような「対応」へと変化しているとも考えられる。「困った」問題という視点は根強く存在していると言ってよい。このような視点からの問題点についてはすでに別に論じ、概ね以下のように整理している[3]。

　①「汚くいやらしい」そして「汚染」としての「性」
　②「切り抜ける」べき性
　③「解消を図る」べき性
　④コントロールできない「本能」としての性
　⑤若い頃の「性の理解」の反映

　いずれも、「高齢者の性」を否定的に捉えることが前提になっていることが示されている。また一方では、高齢者を新たな市場として、高齢者向け健康雑誌やマスメディアにおいて、高齢者の経済力をあてにした「性」産業ともいえるものが台頭している。単なる健康指向にとどまらない、ED治療薬の発達や、高齢者向け治療薬における副作用による性行動への影響なども関係しており、高齢者の「性」への関心を煽るかのような状況もみられる[4]。

　かくも「高齢者の性」は、否定的な議論や、それを前提とした屈折した議論にさらされている。それでは、「高齢者の性」を肯定的に見る議論はないのであろうか。次に、そのような視点からの議論について見ていきたい。

3　介護現場における「高齢者の性」を肯定的に捉える視点

　介護現場において「高齢者の性」を肯定的に捉える視点については、近年、いくつか見られるようになった。ここでは、その代表的なものを取り上げて検討する。

　まず、「高齢者の性」を肯定的に捉えるようになった背景は、次のように述べられている。

　　私たちの社会は、「高齢になったから」「認知症だから」「危ないから」などの様々な理由を持ち出して、高齢者が人間らしく自立した生活を放棄するように促している。性にまつわる事柄に関してはなおさらだ。しかし、どれだけ年齢や社会的立場、心身の健康の度合いが変化したとしても、「その人が人間である」という事実は決して変化しない。死ぬ瞬間まで、自立した一個の人間であり続ける。ユマニチュードという技法は、性の問題も含めて、「あなたは人間である」ということをベースにしたコミュニケーションに基づく支援を行う重要性を教えてくれる。……高齢期になって生殖の手段としての性という役割が薄れると、他者とのコミュニケーションの手段という側面が強くなる。それがプラスの方向に働けば、熟年恋愛、マイナスの方向に働けばストーカーやセクハラになるわけだ。だが要介護状態や認知症になると判断能力や自己決定力が低下すると、コミュニケーションの手段としての性は行き場を失って漂流し、場合によっては暴発する傾向にある。／こう

した現実に対応するために、介護福祉の世界では、高齢者のコミュニケーションや性的支援に関する議論や研究・実践が積み重ねられてきた。……ユマニチュードも、そういった時代の流れの中で注目を浴びるようになったと言える[5]。

　ここでは、前述したような、介護現場での「高齢者の性」への対応の問題点を踏まえて、新しい「ユマニチュード」の視点に見られる「人間であること」を高齢者問題への視点として、新たな対応を模索している背景を示している。以下では、その「ユマニチュード」の視点からの対応と、上記引用文の著者である坂爪真吾が代表を務める、ホワイトハンズの実践活動[6]について見ていこう。

3. 1.「ユマニチュード」の視点から

　ユマニチュードという視点を介護現場に導入したイヴ・ジネストとロゼット・マレスコッティは、その共著の中で次のように言っている。

　　性行為が人生の中で大切な位置を占めているにもかかわらず、高齢になって介護施設に入ると、「そこで終わり」と言われるのはおかしな話です。それに、介護施設に入ると、性別の概念がなくなったかのように扱われはじめる傾向があります。性別がないのは天使だけです。高齢者の性はケア業界において、まだまだタブーなのです[7]。

　このような認識は前述したような日本の現場においてだけ
に特徴的なことではないようである。そこでなされる、例え
ば、自慰行為に対する対応は「手を縛る」[8]、「薬で性欲を抑
える」＝「化学的去勢」[9]である。このような対応がなされ
るのは「ケアをする側が性的な問題に対応する方法を学んで
こなかったからです」とも言っているが、これは単に方法を
学んでいなかったことに起因するのではないことも次のよう
に指摘している。

　　人間には欲求があります。その中には性的な欲求も、も
　　ちろんあります。愛する人の体に触れたいことに快感
　　を覚えます。人間の性行為は生殖だけを目的にしてい
　　るわけではないのですから、性的な欲求の表れは、「抱
　　きしめられるとホッとする」といった中に見出す、心
　　地よさになることもあります。／ケアを受ける立場に
　　なったからといって、それが禁じられなくてはならな
　　いのは、人道的問題であり、とても罪深いと思います。
　　この考えが全面的に正しいとは言いません。あくまで
　　も私の意見です。しかしながら、高齢になれば性的欲
　　求がなくなるかとみなされるのは、やはり自律を無視
　　したことではないかと思っています[10]。

　つまり、単に知識、方法を教えられていなかったというこ
とではなく、人間における性の意味の根本的認識について言
及しなければならないことを示しているのである。

ここで二つの事例について紹介しよう。

事例1：介護施設にダブルベッドを入れること

　2005年にカナダにおける出来事である。前述の著者たちが施設を訪れた時に、施設にダブルベッドがあるかと尋ねると、次のような返答があったという。「奥さまはいつも失禁しますから、衛生的に問題です」[11]。この返答を巡って次のように述べられている。

　　でも1週間前までは家でふたり並んで就寝していたのだから、それなりの対応をすればいいだけのことです。本当の理由はそこにはなく、歴史と文化の中にあります[12]。

　何故できないのか、これは衛生の問題ではなく、文化と歴史の問題であると指摘する。そして、次のように述べている。

　　ケアする人は、高齢者の性に対する権限を持っていると思っています。これは文化のなせる業です。……「カップルからの要請であれば、介護施設でもダブルベッドを、提供すれば良いのではないか」と発言すると、隣に座っていた男性の精神科医が怒り出しました。「いい加減にしてください。介護施設は売春宿ではありません。介護施設の所長は女衒ではないですからね」……「あなたの提案は介護する側にとって暴力的だと思いませんか。仮にセクシュアリティについて介護士全員がト

レーニングを受けた場合はそういった考えを受け入れてもいいと思います」と言ったので、「そうですね。じゃあ共同でセクシュアリティに関するプロジェクトを立ち上げましょう」と提案しました。……ケアが聖職者の仕事だった文化的な名残がありそうです[13]。

　このことは、日本では、看護師が介護の中心的役割を果たしてきたことへの問題とも関連して考える必要があるが、施設は専門職の管理する場であり、利用者が主体的に生活する場とはなっていないのである。「介護施設は売春宿ではない」とか、「介護する側にとって暴力的」という言葉は、利用者の人間性を優先しての言葉ではなく、施設を管理する専門家の立場を優先している言葉である。
　次の事例も重要な視点を指摘している。

事例2：頻繁に自慰をする高齢女性
　……頻繁に自慰をする90代の女性がいました。瓶や棒などを膣に入れようとするので、とても危険でした。彼女がいた施設のスタッフは怪我をするからといって彼女の手を縛りました。これがスタッフにとって最善の解決法でした。／そこに、ユマニチュードのチームが介入しました。どういう考えを提案したと思いますか？　メンバーはセックス用の玩具を買うことを思いつき、彼女に提案しました。すると彼女は「欲しいです」と答えました。そこで看護師が買いに行き、女性にプレゼントしたところ、「まあ！」と喜び、ついで「これ

を一緒に使ってくれる男性は付いていないのかしら？」
と言ったそうです。／体を拘束したり、性的な欲求を
無視したりするのではなく、その人の必要とするケア
を行う。そういう発想ができるか否かは、ケアする人
の「解放の度合い」に応じています。ひとえに、あな
たが自由を望むかそうでないかによって、それはもた
らされるのです[14]。

　ここで「解放の度合い」はどのように計られるのであろう
か。それは、自由を望むかどうかということなのである。ケ
アする人のみならず、介護される人も含めて、「自由を求め
ているか」が介護の現場に問われているのである。つまり、「権
力からの解放」ということになる。
　これは、介護される側においては、介護する権力からの解
放である。次のように述べられている。

　　これまでの話に共通しているのは、ケアする側は権力を
　持っていて、患者や入居者を管理する発想に陥りがち
　だということです。何度も繰り返します。ユマニチュー
　ドは個人の自由と自律を尊重し、だからこそ絆を重視
　します。／私はあなたを管理する。この考えを持つ限
　り、相手との間に生じるのは力関係です。ユマニチュー
　ドは人と人の関係を紡ぎます。そのためには、あなた
　がいま持っている権力を脇に置かなければなりません。
　そうでないと目の前の人に近づくことはできないから
　です。あなたは自分が権力者だと気づいていないかも

しれません。だからこそ変化の鍵はそこにあるのです[15]。

　このことはまた同時に、介護する側にとっても問題となる。介護するものが、他者の権力のもとで、その指示に従って行動するのではなく、介護専門職としての自覚のもとに、自律的に利用者に直接に責任を持つ立場から行動することが求められていることも示していると考えられよう。

　ユマニチュードの視点における、「人間性」の尊重とはまさに「権力からの解放」[16]にあると考えられよう。次に「性的支援」という坂爪らの活動を見てみよう。

3. 2. 「性的支援」の視点から

　坂爪らの活動は、前述したように、ユマニチュードの視点に親和性を示すが、やや異なる対応を示すものもある。「要介護及び認知症の状態にある人に対する性的支援」という対応であるが、ユマニチュードの視点に対して、以下のように評価する。

　　　ユマニチュードの哲学には、「人間らしさを取り戻す」という理念が含まれている。……言葉によるコミュニケーションの難しい認知症の状態にある人に、「自分が人間である」ということを思い出してもらい、看護師や介護士と良好な関係を築くことを目指す技法だ[17]。

　このように述べ、一定の介護現場での成果を認めているが、次のようにその限界も指摘している。

　一方で介護現場でのセクハラや性暴力の問題も含めて、「人間らしさを取り戻す」という理念だけではどうにもならない厳しい現実が広がっていることも事実だ[18]（傍点は引用者による）。

　これを踏まえ、次に「性的支援：射精介護」の事例について少し見ていこう。

事例3：60代男性への「射精介護」
　中田博さん（60代・仮名）は、30代半ばで手足の自由が利かなくなる進行性の難病を発症。それから約30年間、在宅で闘病生活を続けている。病気の重症度分類は最重度の5、介護保険では要介護4であり、歩行や入浴、食事や排泄、衣類の脱ぎ着といった日常生活のすべてにわたって介助が必要になる状態だ。10年ほど前から障害年金と生活保護を利用して神奈川県の郊外にあるマンションで独り暮らしをしている[19]。

　この男性は、日中はほとんどベッドの上で過ごしており、体調がいいときはパソコンでメールをしたり、地域での障害者スポーツなどの講師をして社会活動も活発であるという。彼は、50代までは妻との性生活も身体の不自由もあったが普通に行なっていたが、50代になってからは自分の生活活動の衰えと同時並行で妻が更年期になりセックスを受け付けなくなり、セックスレスの状態になり、妻とは現在別居状態

である。現在では、手が思うように動かなくなり、自力での射精行為も難しくなっており、「射精に達するまで2時間近くかかるようになった。まさに重労働だ」という状況にある[20]。

「こうした問題に対する解決の試み」[21]を行なっているのが、一般社団法人ホワイトハンズで、2008年から「重度身体障がいのある男性」への射精介助サービスである。「ケアスタッフが自宅を訪問し、介助用手袋とローションを用いて射精を介助してくれるサービス」である。利用料金は30分2800円であるという。中田さんは、満足しているようであるが、定期的に利用してはいない。このような介助は、ユマニチュードにおける事例から比べると、夫婦の性的コミュニケーションや自慰行為への肯定的対応を超えて、より積極的に男性の性的欲求に応えようとする対応であるが、生理的な欲求に応えるとともに、中田さんの事例においても、実は介助ヘルパーとの会話や、訪問を待つ「ワクワク感」[22]の持つ意味における人間的コミュニケーションにおける意義を強調しているようにも考えられる[23]。一見、即物的な対応のようにも見えるが、このような対応の正当化には「日々の生活の中でのプライバシーの確保、自慰行為の支援など」の「性に対する合理的配慮」[24]、「その人が最期まで人間らしく生きていくために必要な、最低限の性の健康と権利がきちんと守られるような仕組みを作っていくこと」[25]などが挙げられている。しかしながら、以上のような、「高齢者の性」をめぐる肯定的・積極的対応にも、依然として生理的な欲求に応えることが優先され、生物学的、医学的対応としての域を出ていないようにも受け止められる。それは「高齢者の性」が男

性からの視点で語られていることによるのではないかということが言える。それは、次のような捉え方があるからである。

これまで、「高齢者の性」は小説などで取り上げられることはあったが、例えば、谷崎潤一郎の「瘋癲老人日記」「鍵」、川端康成の「山の音」「眠れる美女」、永井荷風「腕くらべ」「墨東綺譚」などは、高齢者の男性と若い女性の間の関係が中心であり、特に生物学的な性的能力の低下が見られる男性高齢者と、20歳以上は若い女性との間の性的な関係を描いている。そこには、高齢者の女性は登場しない。

また、瀬戸内晴美（寂聴）は濃密な男女の恋愛関係を描いているが、瀬戸内晴美（寂聴）の視点も、高齢者の性を、超越すべきもの、忌避すべきものとして捉えている。例えば、瀬戸内の読者からの次のような手紙がよくそのことを示している。

新潮45の「性の粉飾決算」について一言申上げます。あの濃厚な性描写をなさる貴女が意外にも淡白な方だと知って驚きました。……小生は現在満八一歳半ですが、殆んど二、三日に一度位挿入して快楽を得ています。放出はしませんが十分なる快楽が得られるのです。女房（七四歳）は、一週間に一度は必ず頂点に達しています。……瀬戸内さん、老人のセックスの姿は醜悪の極みには異論ありませんが、人に見せるものではなし、どうか「排泄器官だけの分身」の同情論は撤回してください。貴女の小説は今でも時々読み直しては精気を取戻しています。感謝しています[26]。

　ここでは、夫婦の日常的な性的関係を示すことによって、「老人のセックスの姿は醜悪の極み」という瀬戸内の物言いに対する、自虐的な同意の中で、「排泄器官だけの分身」に「高齢者の性」のあり方の意味を示しているのである。

　何故、このような批判が可能であるのか。そこには、「高齢者の性」における「女性」と「死に向かう存在」としての「高齢者」を捉えることを欠いて、一般には「高齢者の性」論じられているからである。次では、そのことを考えてみたい。

4　死に向かう「高齢者」にとっての「性」

　まず、森崎和江は、女性の老いとセクシュアリティに言及して次のように述べている。

　　性が文化の所産であるように、老いのセクシュアリティも、その時代時代の観念に支配される面が大きいのだと、痛感する[27]。

　ここでは、まず何より「性」は文化の所産であることが指摘され、「老いのセクシュアリティ」も「時代時代の観念」によって意味付けられているとされる。つまり、「老いのセクシュアリティ」という時も同様であり、「老いのセクシュアリティ」も生物学的、医学的な「老化したセクシュアリティ」ではないのである。その「老い」と「セクシュアリティ」に関して次のように述べられている。

一人で生きて、ようやくよみがえるエロスのあること
を知った。世間的にも、医学的にも、私は老いの坂を
のぼりつつあったころにちがいないのだが、当人は気
付かない。ただ、男にも女にも、子どもにも、老いた
者へも、悲しみに似たいとしさが湧いているのに気が
ついた。私はうれしかった。生きることに恐怖を感じ
なくなっていた。以来、かなり自在な境地である。老
いにさえ、ういういしい[28]。

　すなわち、「老いた者」への「悲しみにも似たいとしさ」
があり、「ういういしさ」があり、それがセクシュアリティ
に通じることを示唆している。

　……でも炭鉱の坑内で石炭を掘り出した女たちは、私
に、「へるもんじゃなし、身も心もいっしょにならな、
ガスが噴く地面の下で男と二人で石炭をほれるかい」
と言い、酒飲みの亭主が地下でのことをぐだぐだ言う
と「捨ててくれた」と語った。労働と性とが一体化し
なければ生きられない状況を伝えてくれたのだが、そ
れを語る彼女たちは老年になっていた。その多くが一
人暮らしになっていた。そして、生きることは、エロ
スと労働の共働きなのだよと、自分の信念を語ってい
るのだった[29]。

　そして、ここでは、老いて、一人になってこそ知ることが

できたのが、「エロスと労働の共働き」という、生きること
におけるエロスと労働の一体化である。老いることにおいて、
エロスの意味が生きることと密接になってくるというのであ
る。

　このような「老い」と「性（セクシュアリティ）」の結びつ
きは、ジョルジュ・バタイユが「小さな死」ということに関
連し、次のように述べている。

　　　人間の本質が、性欲（セクシュアリテ）─人間の起源、
　　始まりである─の中にあるとしても、それは人間に狂
　　乱のほかには解決法のない問題を提起する。／この狂
　　乱は、〈小さな死〉（オーガスム）の中において与えられ
　　る。最終的な死の前─味として以外に、その〈小さな死〉
　　を充分に生きることが、私にできるであろうか。……
　　本書の意味は、第一において〈小さな死〉と究極的な
　　死との同一性へと意識を開くことである[30]。

　「小さな死」とは、バタイユによれば、性行為における「オー
ガスム」を指すのであるが、それは、「個別的人間存在の否定」
を意味する[31]。死に向かう「老い」は「性」とまた結びつく
ことになる[32]。

5 おわりに

　「死に向かう存在としての高齢者」においてこそ「性」の
意味を吟味できる。「性」を「社会を構成する人間」として

の本質として捉え、高齢者問題を「性」の視点から再構成し、高齢者を「死に向かう存在」とすることは、高齢者を「死」という「個別的人間存在への否定」へと向かわせ、「個別的人間存在」に固執する呪縛から解放することであり、その意味において、「性」もまた、「個別的人間存在への否定」につながることによって解放され、「高齢者の性」を豊かにすることなのである。言い換えれば、高齢者における性を肯定的に捉えることによって、死の恐怖の根源と考えられる「個別的存在の自己」による「死の受容の困難性」を、「個別的人間存在への否定」である「死」の意味を、同じく「個別的人間存在への否定」である「性」を生きることによって捉えることができる。「高齢者の性」を肯定することによって、高齢者の性のあり方の多様性を認めることが、重要であることを示している。

注

1　大林雅之・徳永哲也（責任編集）『シリーズ生命倫理学　第8巻　高齢者・難病患者・障害者の医療福祉』（丸善、2012年）
2　大江原秀之『老年期の性』（ミネルヴァ書房、1979年）
3　大林雅之「老いにおける性と死」、東洋英和女学院大学死生学研究所（編）『死生学年報2017　死から生への眼差し』（リトン、2017年）、103-120頁。
4　同上。
5　坂爪真吾『セックスと超高齢社会　「老後の性」と向き合う』（NHK出版、2017年）、145-147頁。
6　同上、149頁。
7　イヴ・ジネスト、ロゼット・マレスコッティ（本田美和子・日本語監修）『「ユマニチュード」という革命』（誠文堂新光社、

2016 年)、119 頁。

8　同上、119 頁。

9　同上、119 頁。

10　同上、120 頁。

11　同上、121 頁。

12　同上、122 頁。

13　同上、124 頁。

14　同上、125-126 頁。

15　同上、127 頁。

16　同上、127-128 頁。

17　坂爪『セックスと超高齢社会　「老後の性」と向き合う』、144 頁。

18　同上、148 頁。

19　同上、148-149 頁。

20　同上、149 頁。

21　同上、149 頁。

22　同上、150-152 頁。

23　同上、151-152 頁。

24　同上、179-180 頁。

25　同上、180-181 頁。

26　瀬戸内晴美・瀬戸内寂聴『わが性と生』（新潮社、1994年）、134-135頁。

27　森崎和江「老いのセクシュアリティ－女にとってのいのちと性－」井上俊ほか(編集委員)『岩波講座　現代社会学　第13巻　成熟と老いの社会学』（岩波書店、1997年）、136頁。

28　同上、138頁。

29　同上、139-140頁。

30　ジョルジュ・バタイユ(森本和夫訳)『エロスの涙』(筑摩書房、2001年)、13頁。

31　酒井健『バタイユ入門』(筑摩書房、1996年)、242頁。

32　大林雅之「二つの「小さな死」－その邂逅の軌跡－」、第21回日本臨床死生学会記録『サイエンスとアートとして考える生と死のケア』(エム・シー・ミューズ、2017年)、57-70頁。(本書第2章参照)

あとがき

　本書は、前著『生命の問いー生命倫理学と死生学の間でー』（東信堂、2017 年）において述べた、日本における「死生学」のあり方に対する疑義を踏まえて、小生なりの「死生学」への向き合い方を示したものである。その意味で、これまでの生命倫理学に関連する論文等とは趣を異にしている。第 1 章の「「小さな死」によせて」は、上記の拙著にも収録しており、それを読んでくださった何人かの方から「新境地ですか？」というような感想もいただいた。小生としては、定年退職を来年に迎える時期にやっとそんな「新境地」を得たとは面はゆいが、新しいテーマが今後への張り合いとなっている。

　現在の職場に赴任して、「生命倫理学」と「死生学」を担当することになったが、前任者から引き継いだ「老年学」や「行動科学」などの授業も行なった。特に、「老年学」の授業は、筆者も高齢者になろうという時期であったので、戸惑いつつも自らの状況と重ね合わせて、自分を見つめる機会にもなった。特に、自らの心身の状態を正面から受け止めようという気持ちになる効用もあった。そして、もちろん自らの「死」にも向き合わざるを得ないようになった。そのような時に出会ったのが「小さな死」ということであり、これが思わぬ広がりを小生にはもたらしてくれた。その「広がり」の第一歩

が本書なのである。このような経緯でとにかくできた「小さ
な本」であるが、読んでくださった方からの感想やご意見を
是非お聞かせいただきたい。

　最後になりましたが、いつもながら出版の機会をつくって
くださった東信堂社長下田勝司氏に心より感謝いたします。
また、各論文を転載させていただいたことを編者の先生およ
び出版社に感謝いたします。表紙の絵については、新進気鋭
の日本画家である阿部友子氏が拙稿を読んで描いてくださっ
たことを深く御礼申し上げます。そして、いつも心配させな
がらも優しく見守ってくれている友人たちにも「ありがとう」
の気持ちを伝えさせていただきたい。

初出一覧

第1章　「小さな死」によせて

大林雅之「「小さな死」によせて」、東洋英和女学院大学死生学研究所編『死生学年報 2016　生と死に寄り添う』(リトン、2016年)、241-252 頁。

第2章　二つの「小さな死」── その邂逅の軌跡

大林雅之「二つの「小さな死」－その邂逅の軌跡－」、小山千加代編著『サイエンスとアートとして考える生と死のケア』(エム・シー・ミューズ、2017 年)、57-70 頁。

第3章　老いにおける性と死

大林雅之「老いにおける性と死」、東洋英和女学院大学死生学研究所編『死生学年報 2017　死から生への眼差し』(リトン、2017年)、103-120 頁。

第4章　死に向かう生と性 ── 高齢者はいかに性を生きるか

大林雅之「死に向かう生と性－高齢者はいかに性を生きるか－」、東洋英和女学院大学死生学研究所編『死生学年報 2018　生と死の物語』(リトン、2018 年)、325-336 頁。

著者紹介
大林雅之（おおばやし　まさゆき）

■経歴
1950（昭和 25）年 東京に生まれる

1986（昭和 61）年 上智大学大学院理工学研究科生物科学専攻（生命科学基礎論部門）博士後期課程単位取得

ジョージタウン大学ケネディー倫理研究所客員研究員、産業医科大学講師、山口大学医学部教授、川崎医療福祉大学教授、京都工芸繊維大学大学院教授などを経て、現在、東洋英和女学院大学教授。

日本生命倫理学会第 8 期代表理事・会長（2011 年〜 2014 年）

■専攻
生命倫理学（バイオエシックス）、科学史、科学哲学

■著著
『生命にふれる―バイオエシックス入門―』（葦書房、1992 年）

『新しいバイオエシックスに向かって―生命・科学・倫理―』（北樹出版、1993 年）

『バイオエシックス教育のために』（メディカ出版、1999 年）

『ケースブック　医療倫理』（共編著、医学書院、2002 年）

『バイオエシックス・ハンドブック―生命倫理を超えて―』（共編著、法研、2003 年）など

『生命の淵―バイオエシックスの歴史・哲学・課題―』（東信堂、2005 年）

『ケースで学ぶ医療福祉の倫理』（共編著、医学書院、2008 年）

『生命の問い』（東信堂、2017 年）

小さな死生学入門――小さな死・性・ユマニチュード

2018 年 11 月 10 日　　　初 版　第 1 刷発行　　　　　　〔検印省略〕

定価はカバーに表示してあります。

著者©大林雅之／発行者 下田 勝司　　　　　　　印刷・製本／中央精版印刷

東京都文京区向丘 1-20-6　　郵便振替 00110-6-37828

〒 113-0023　TEL（03）3818-5521　FAX（03）3818-5514

発 行 所
株式
会社 東信堂

Published by TOSHINDO PUBLISHING CO., LTD.

1-20-6, Mukougaoka, Bunkyo-ku, Tokyo, 113-0023, Japan

E-mail : tk203444@fsinet.or.jp　http://www.toshindo-pub.com

ISBN978-4-7989-1522-7　C3012　　　© Masayuki Obayashi

東信堂

〒113-0023　東京都文京区向丘1-20-6　TEL 03-3818-5521　FAX03-3818-5514　振替 00110-6-37828
Email tk203444@fsinet.or.jp　URL:http://www.toshindo-pub.com/

※定価：表示価格（本体）＋税

東信堂

〒113-0023　東京都文京区向丘1-20-6　　TEL 03-3818-5521　FAX03-3818-5514　振替 00110-6-37828
Email tk203444@fsinet.or.jp　URL:http://www.toshindo-pub.com/

※定価：表示価格（本体）＋税

〒113-0023　東京都文京区向丘1-20-6
TEL 03-3818-5521　FAX03-3818-5514　振替 00110-6-37828
Email tk203444@fsinet.or.jp　URL:http://www.toshindo-pub.com/

※定価：表示価格（本体）＋税

〒113-0023 東京都文京区向丘1-20-6　TEL 03-3818-5521　FAX03-3818-5514　振替 00110-6-37828
Email tk203444@fsinet.or.jp　URL:http://www.toshindo-pub.com/
※定価：表示価格（本体）＋税

東信堂

〒113-0023　東京都文京区向丘1-20-6　TEL 03-3818-5521　FAX 03-3818-5514　振替 00110-6-37828
Email tk203444@fsinet.or.jp　URL http://www.toshindo-pub.com/

※定価：表示価格（本体）＋税

東信堂

〒113-0023 東京都文京区向丘 1·20·6　TEL 03·3818·5521　FAX03·3818·5514　振替 00110·6·37828
Email tk203444@fsinet.or.jp　URL·http://www.toshindo-pub.com/
※定価：表示価格（本体）＋税

サンタクロースの島
―地中海岸ビザンティン遺跡発掘記　浅野和生　二三八一円

涙と眼の文化史
―中世ヨーロッパの標章と恋愛思想　徳井淑子　三六〇〇円

日本の社会参加仏教
―法音寺と立正佼成会の社会活動と社会倫理　矢野秀武　四七六二円

現代タイにおける仏教運動
―タンマガーイ式瞑想とタイ社会の変容　ランジャナ・ムコパディヤーヤ　五六〇〇円

サンヴァラ系密教の諸相
―行者・聖地・時間・身体・死生　杉木恒彦　五八〇〇円

精神科医島崎敏樹
―人間の学の誕生　井原裕　二六〇〇円

自己形成者の群像
―新しい知性の創造のために　宮坂広作　二八〇〇円

芸術は何を超えていくのか？　沼野充義編　一八〇〇円

芸術の生まれる場　木下直之編　二〇〇〇円

文学・芸術は何のためにあるのか？　岡田暁生・吉岡洋編　二〇〇〇円

ミッション・スクールと戦争
―立教学院のディレンマ　老川慶喜・前田一男編　五八〇〇円

多元的宗教教育の成立過程
―アメリカ教育と成瀬仁蔵の「帰一」の教育　大森秀子　三六〇〇円

人格形成概念の誕生
―近代アメリカの教育概念史　田中智志　三六〇〇円

社会性概念の構築
―アメリカ進歩主義教育の概念史　田中智志　三八〇〇円

教育による社会的正義の実現
―アメリカの挑戦（1945-1980）　D・ラヴィッチ著　末藤美津子訳　五六〇〇円

学校改革抗争の100年
―20世紀アメリカ教育史　D・ラヴィッチ著　末藤・宮本・佐藤訳　六四〇〇円

地上の迷宮と心の楽園
〔コメニウス・セレクション〕　J・コメニウス　藤田輝夫訳　三六〇〇円

〒113-0023　東京都文京区向丘1・20・6　　TEL 03・3818・5521　FAX03・3818・5514　振替 00110・6・37828
Email tk203444@fsinet.or.jp　URL:http://www.toshindo-pub.com/
※定価：表示価格（本体）＋税